50 dessins de personnages

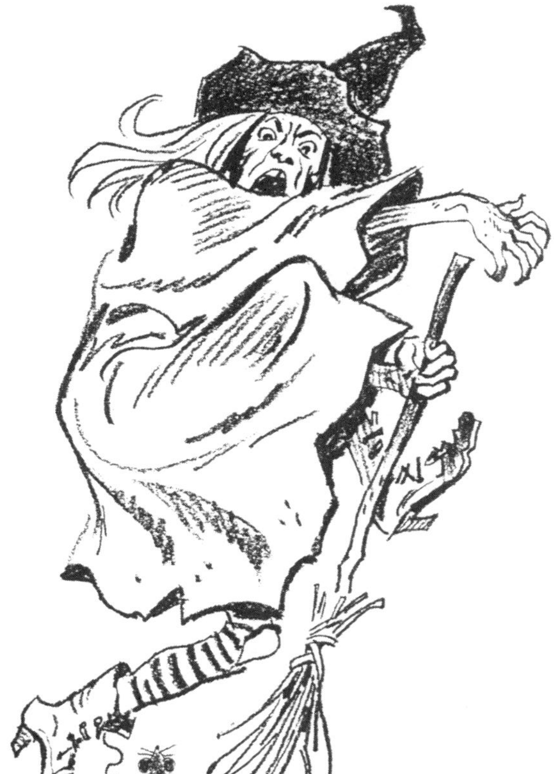

50 dessins de personnages

Apprendre à dessiner étape par étape
des hommes des cavernes,
des reines, des Aztèques,
des Vikings, des clowns,
des pirates
et beaucoup
d'autres....

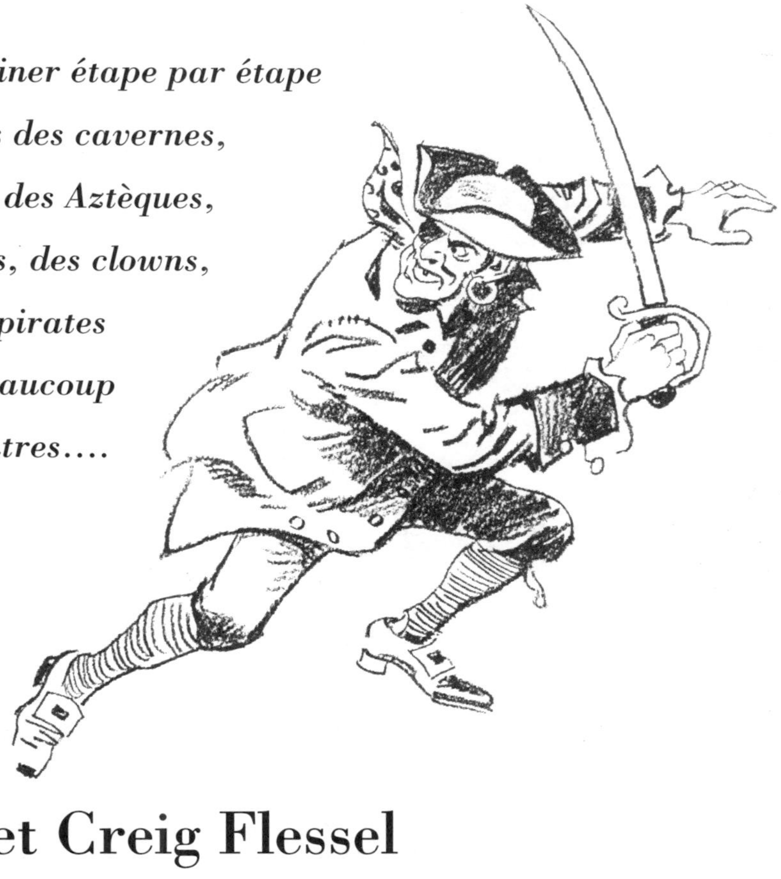

Lee J. Ames et Creig Flessel

VIGOT

Dans la même collection
du même auteur...

- 50 dessins d'animaux
- 50 dessins de chevaux
- 50 dessins de chiens
- 50 dessins de dinosaures et autres animaux préhistoriques
- 50 dessins de chats
- 50 dessins d'insectes et araignées, scorpions, etc.
- 50 dessins d'animaux à protéger
- 50 dessins d'animaux marins
- 50 dessins de fleurs, d'arbres et autres plantes
- 50 dessins de voitures, camions et motos
- 50 dessins de véhicules

Published by arrangement with Doubleday, First Main Street books edition
a division of Bantam Doubleday Dell Publishing Group, inc.
1540 Broadway, New York, New York 10036

Pour la présente édition:

Dépôt légal: avril 2005 - ISBN 2 7114 1341 1
Imprimé en Espagne

Note

Creig Flessel fut l'un des leaders de la fameuse association nationale des dessinateurs de dessins animés (National Cartoonist's Society) aux États-Unis. Surnommé «l'Infaillible» tant ses dessins étaient parfaits.

Les écrivains, les critiques et les artistes ont essayé de décrire et d'expliquer le dessin depuis des lustres. Ils ont écrit : «c'est un grand dessinateur» ; «il dessine avec une verve calligraphique» ; « ...un délice linéaire avec une ligne personnelle excitante». Et cetera, et cetera.
Qu'entendent-ils par là?
Picasso, Ingres et Mary Cassatt ont été de grands dessinateurs, tous très différents les uns des autres. Le coup de pinceau calligraphique de John Singer Sargent était magnifique. La ligne de Picasso était franche. L'art du dessin a été analysé, disséqué et même «freudisé» au cours des âges par des critiques experts ou dilettantes. Mais la question reste posée : Qu'est-ce qu'un dessin?

Nos outils peuvent être le crayon, la plume, le fusain, le pastel, l'ordinateur... sans oublier l'hémisphère droit de notre cerveau.
En 1932, à l'école des Beaux-Arts, un de mes professeurs utilisait un pinceau de 5 cm. Il enduisait sa toile d'une épaisse couche de peinture. Il mélangeait ses formes et ses couleurs en tournant son pinceau dans cette lourde pâte et nous étions là,

intimidés, murmurant « quel dessinateur ! ».
Un autre utilisait des encres de couleur, des photos et des aquarelles pour faire ses jolies illustrations. Plus tard il devint célèbre, et nous murmurions « quel grand dessinateur ! ».
Ensuite j'ai admiré de nombreux géants du dessin, aux styles très différents les uns des autres, et je pensais « quels grands dessinateurs ! ».
Il m'a donc fallu toute une vie pour répondre à la question : « Qu'est-ce qu'un dessin ? » ou mieux : « Qu'est-ce que *mon* dessin ? » Bien sûr je ne puis être objectif ou offrir une réponse rapide et simple. Je sais que ce qui émerge est une partie de moi, c'est ma marque de fabrique, mon sceau.

Voici un nouveau *50 dessins* qui vous apprend à dessiner des personnages. Je souhaite ardemment qu'il vous libère et que vous deveniez vous-même et puissiez bientôt dessiner sans copier.

Creig Flessel

Au lecteur

Pour commencer, je vous suggère de prendre une feuille de papier à dessin et un crayon HB ou n° 2 et d'avoir une gomme à portée de main. Choisissez le sujet que vous voulez dessiner, puis, très légèrement et avec soin, reproduisez la première étape. Tout aussi légèrement et avec autant de soin, ajoutez la deuxième. N'étudiez pas seulement les traits, mais aussi les espaces entre ceux-ci. Profitez des premières étapes pour remplir esthétiquement votre feuille afin que votre dessin ne soit ni trop grand, ni trop petit. Souvenez-vous que les premières étapes doivent être construites avec le plus grand soin. Une faute à ce stade peut ruiner l'ensemble.

Il est utile de tenir votre dessin devant un miroir de temps en temps. L'image révèle souvent des distorsions que vous n'auriez pas pu déceler autrement.

Vous remarquerez que les nouvelles étapes sont plus foncées, ceci afin que vous puissiez les repérer plus facilement. Mais continuez vous-même à dessiner très légèrement. C'est là que la gomme est utile. Vous pouvez alléger un trait de crayon trop appuyé.

Lorsque vous aurez terminé le dessin et que vous vous serez assuré que tout est à votre goût, terminez-le en repassant le crayon en appuyant, ou, si vous préférez, repassez-le à l'encre de Chine (appliquée avec un pinceau fin ou une plume), à la bille ou au feutre. Lorsqu'il sera bien sec vous pourrez effacer les traits de crayon.

Souvenez-vous que si vos premiers essais ne sont pas très concluants, il est important *d'essayer à nouveau*. Vos efforts finiront par être *récompensés*, et vous serez ravi et surpris de voir ce que vous pouvez faire. J'espère sincèrement qu'en suivant nos techniques vous allez améliorer votre habileté. Reproduire les dessins de cet ouvrage peut ouvrir la porte à votre propre créativité. Amusez-vous bien.

Lee J. Ames

50 dessins de personnages

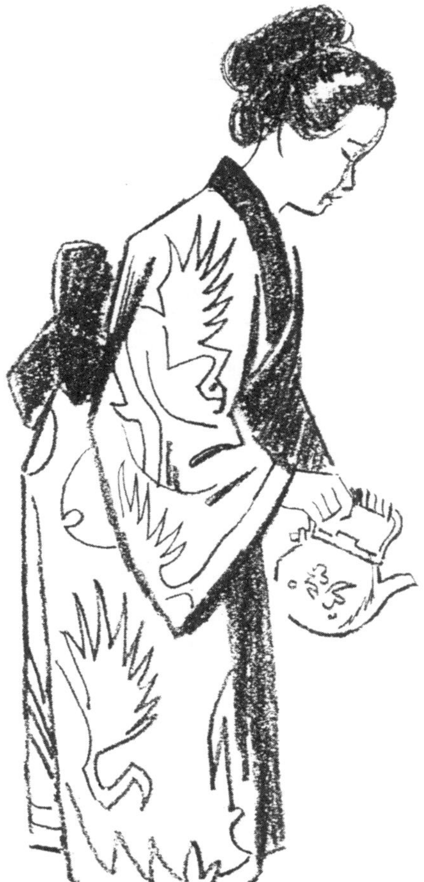

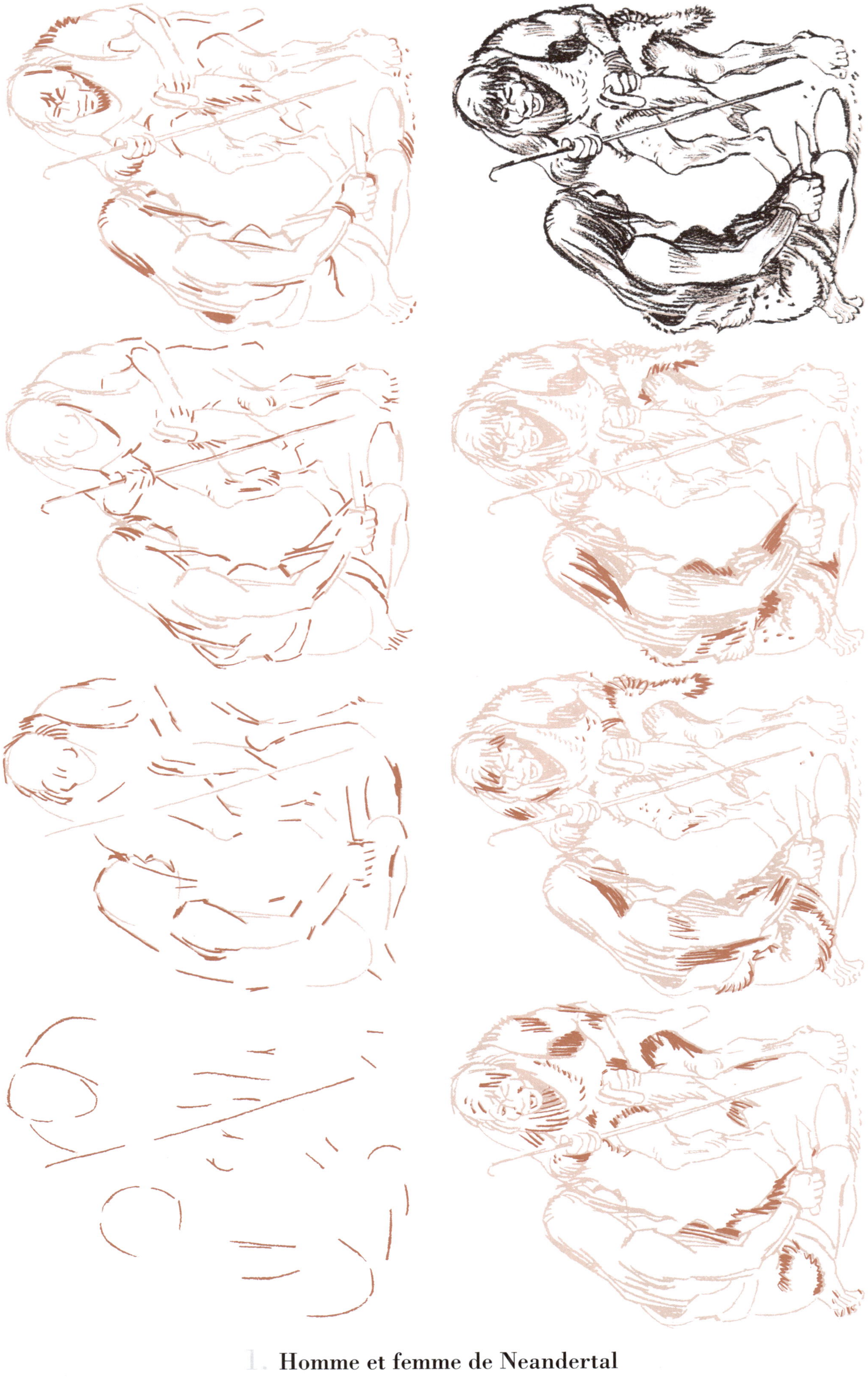

1. Homme et femme de Neandertal

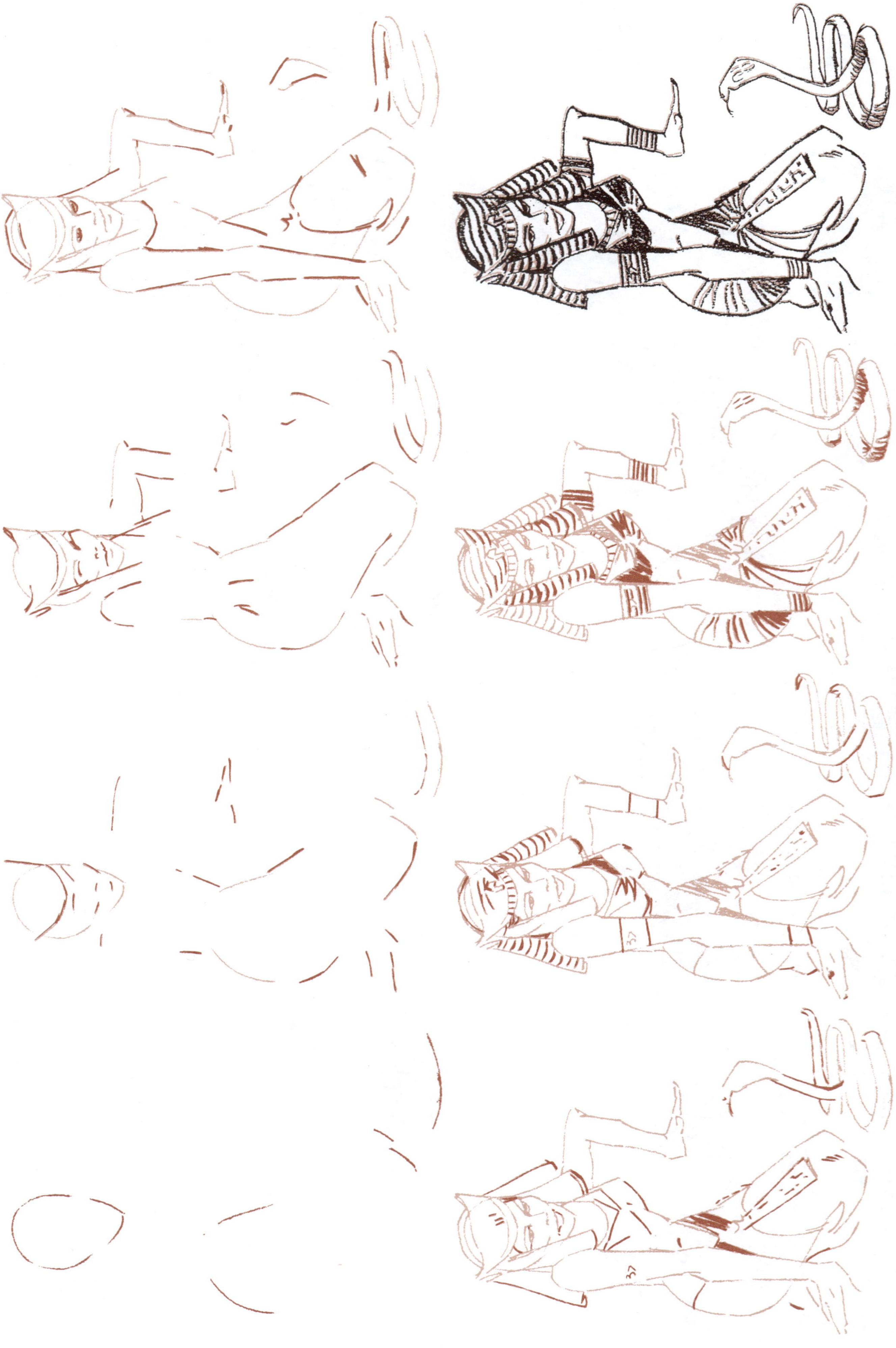

2. **Cléopatre et le cobra**

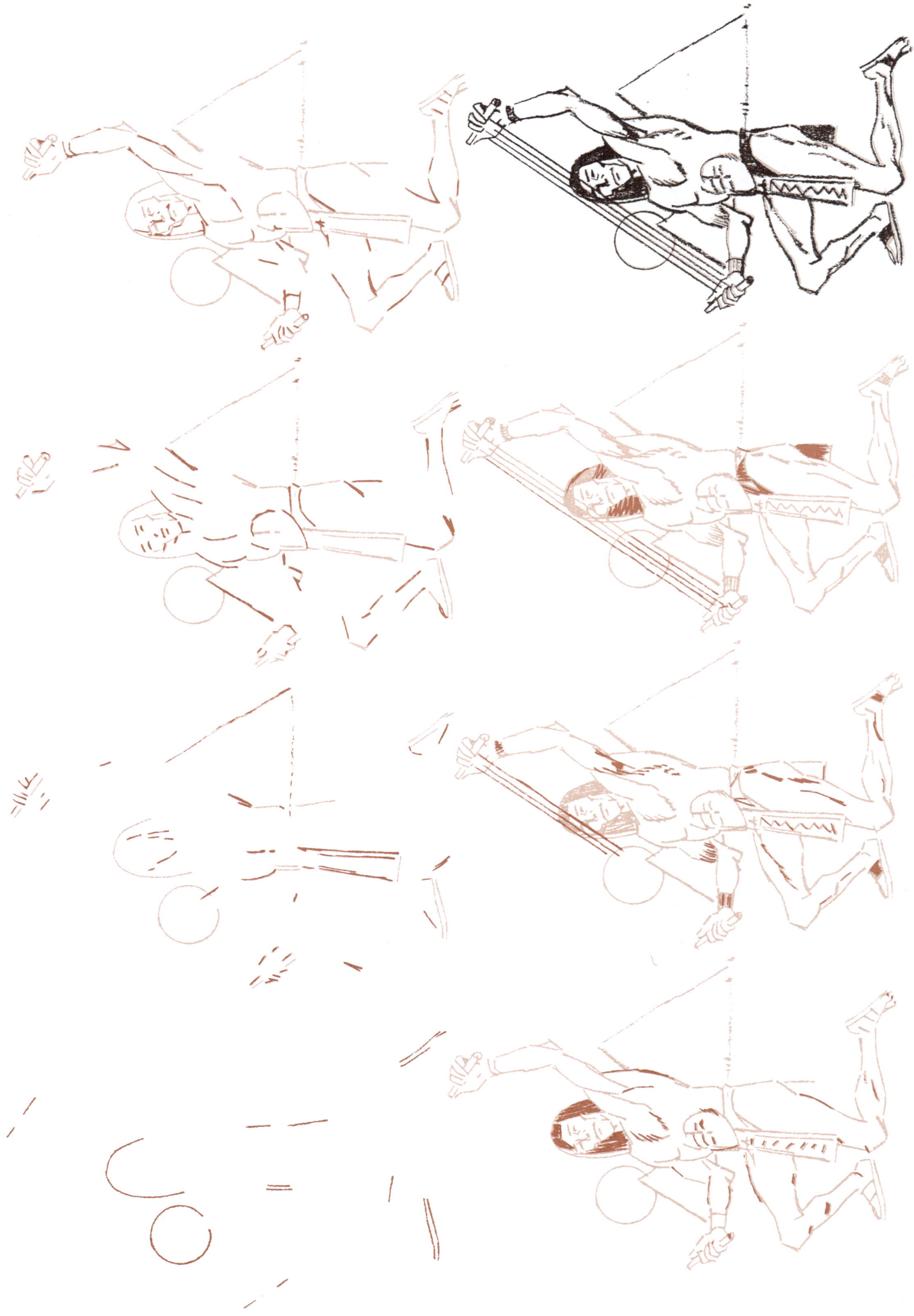

3. **Mathématicien de l'Égypte antique**

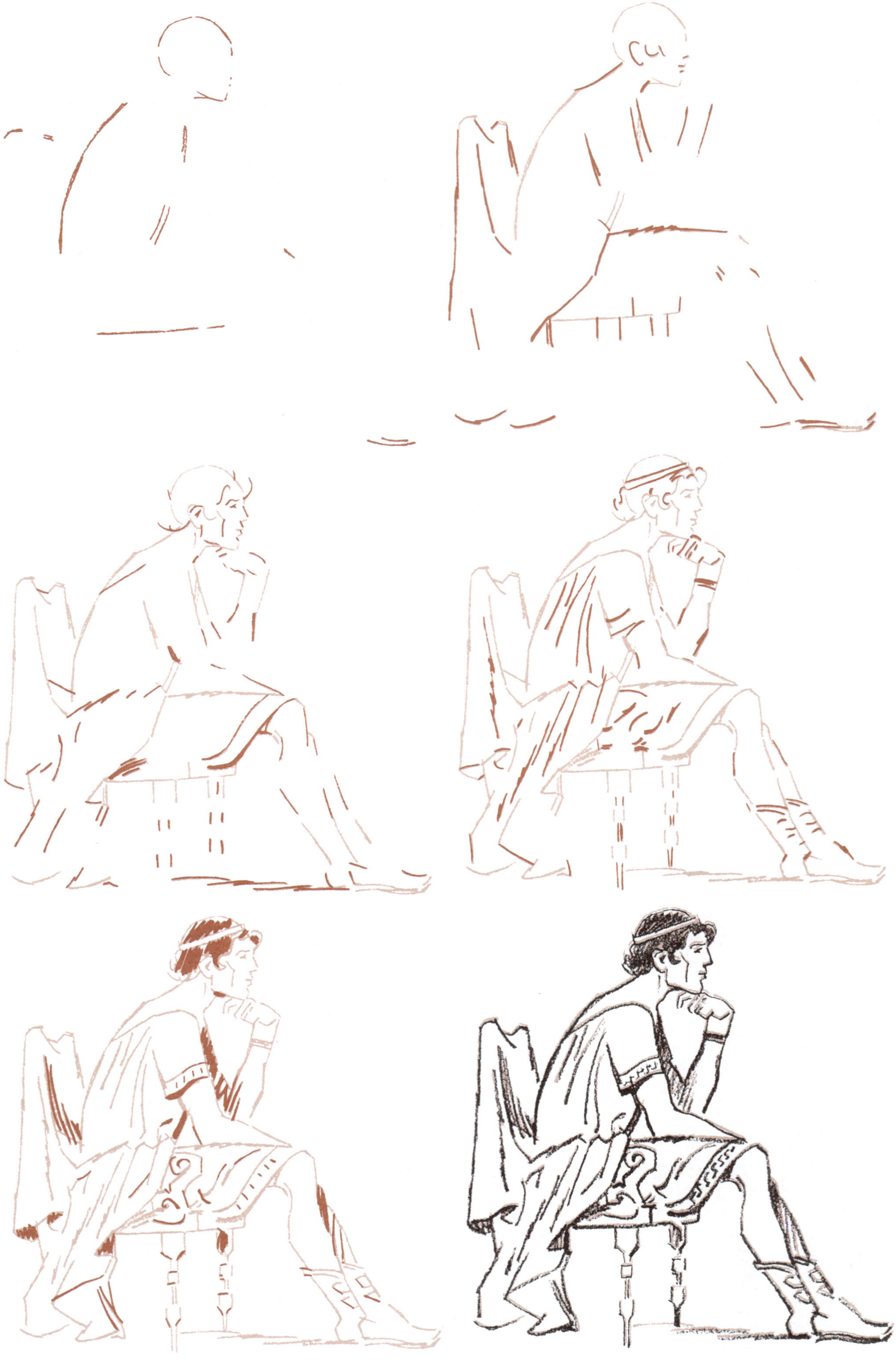

4. **Alexandre le Grand jeune**

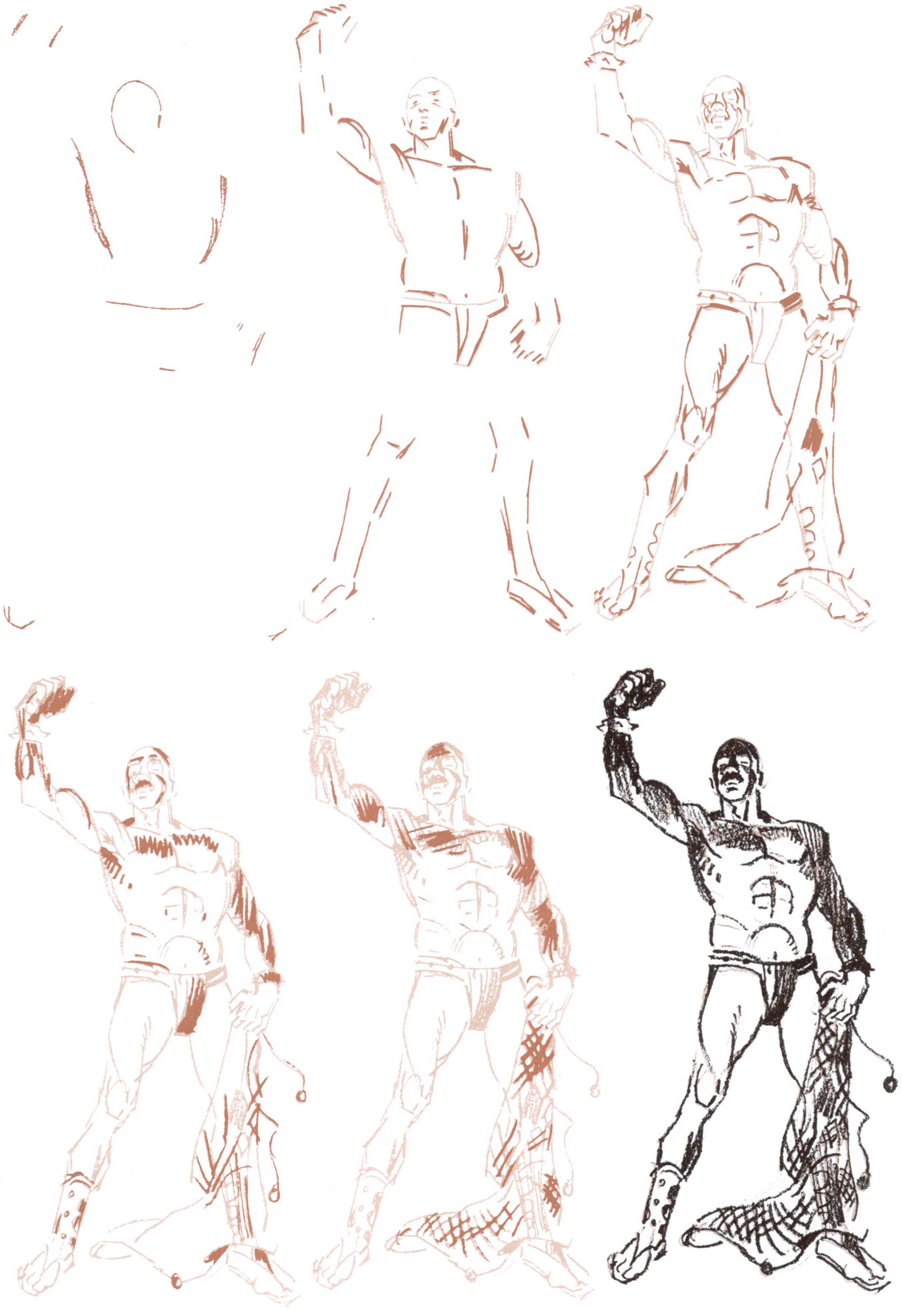

5. **Gladiateur nubien**

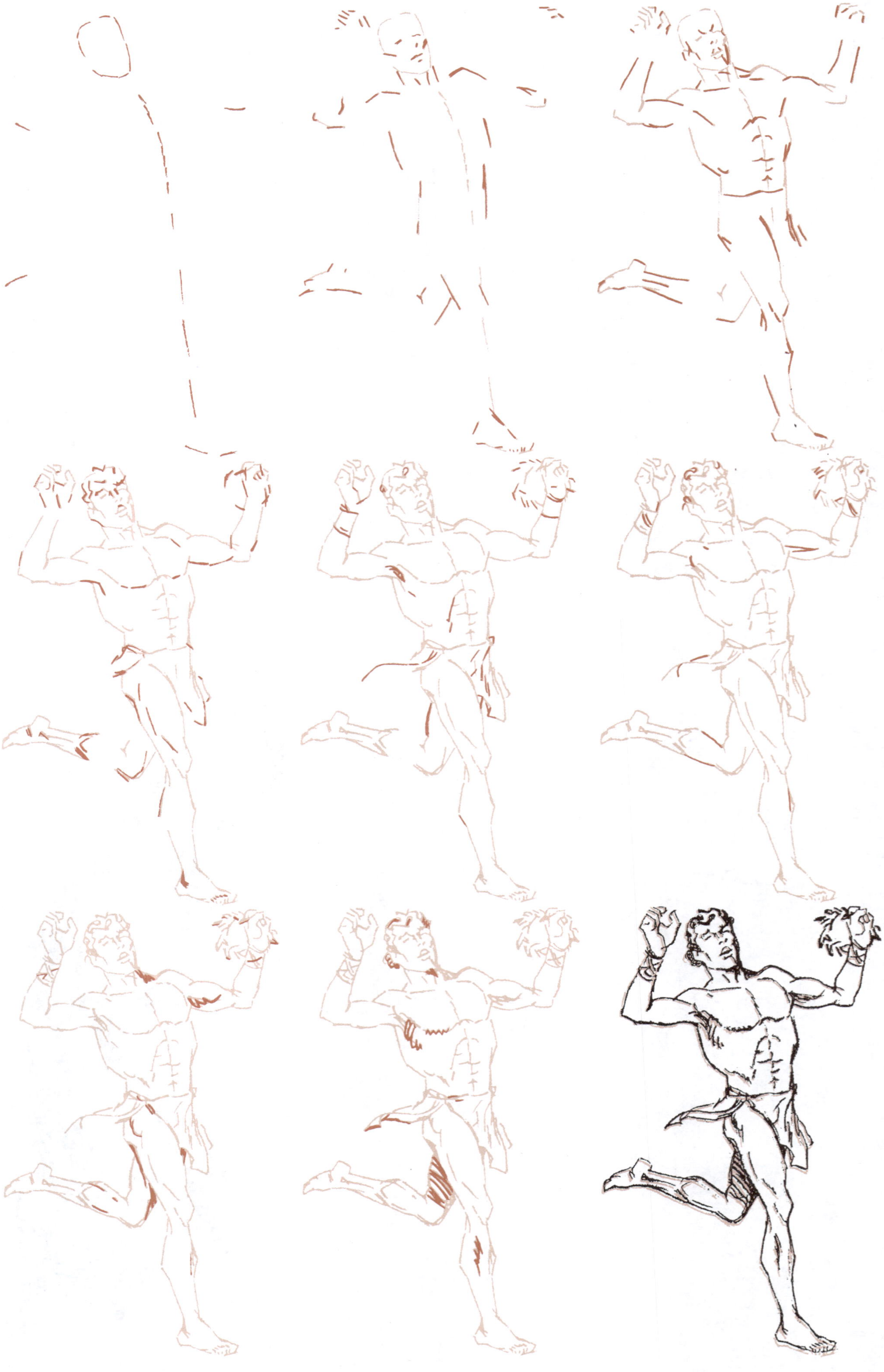

6. **Athlète romain victorieux**

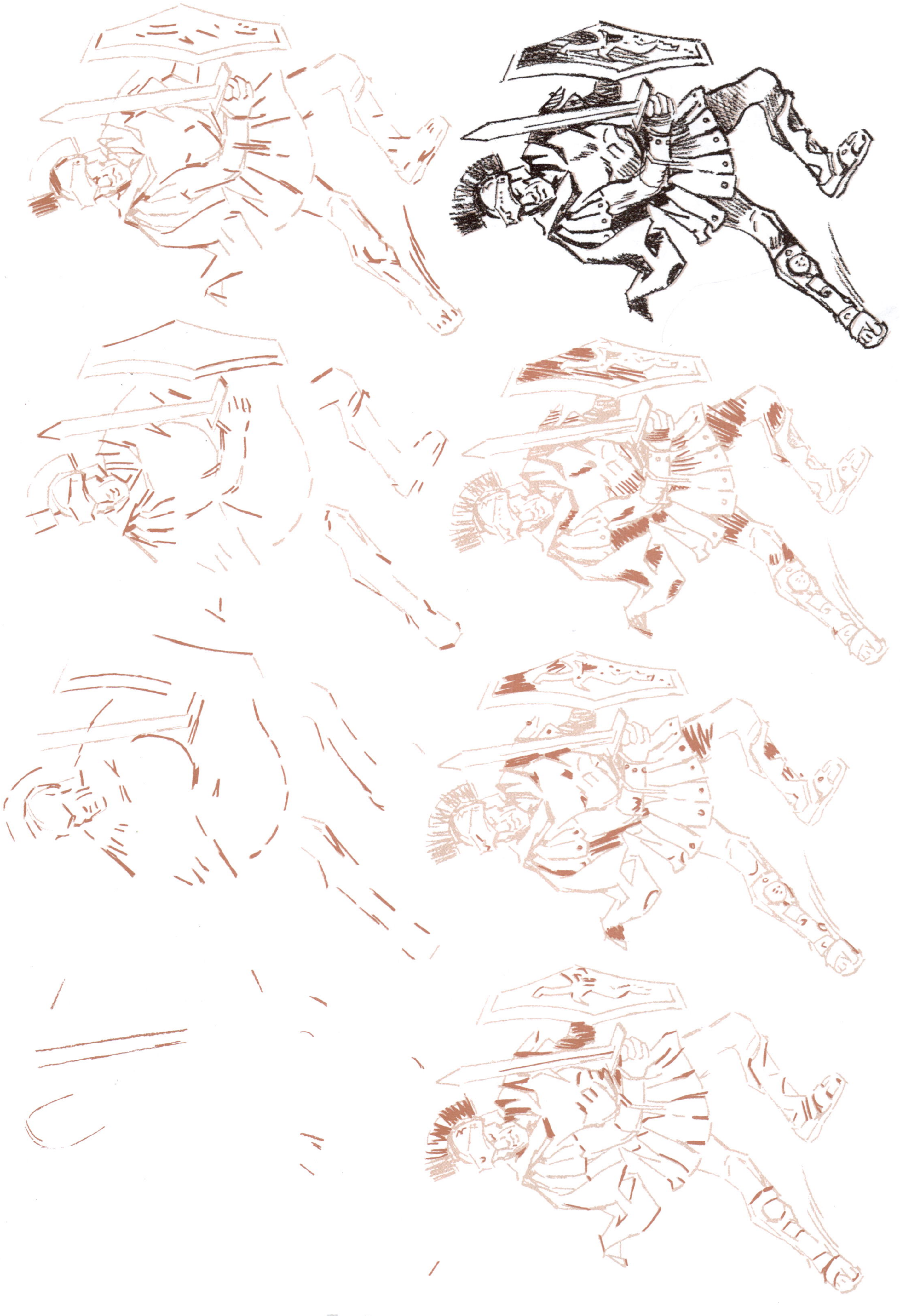

7. **Centurion romain**

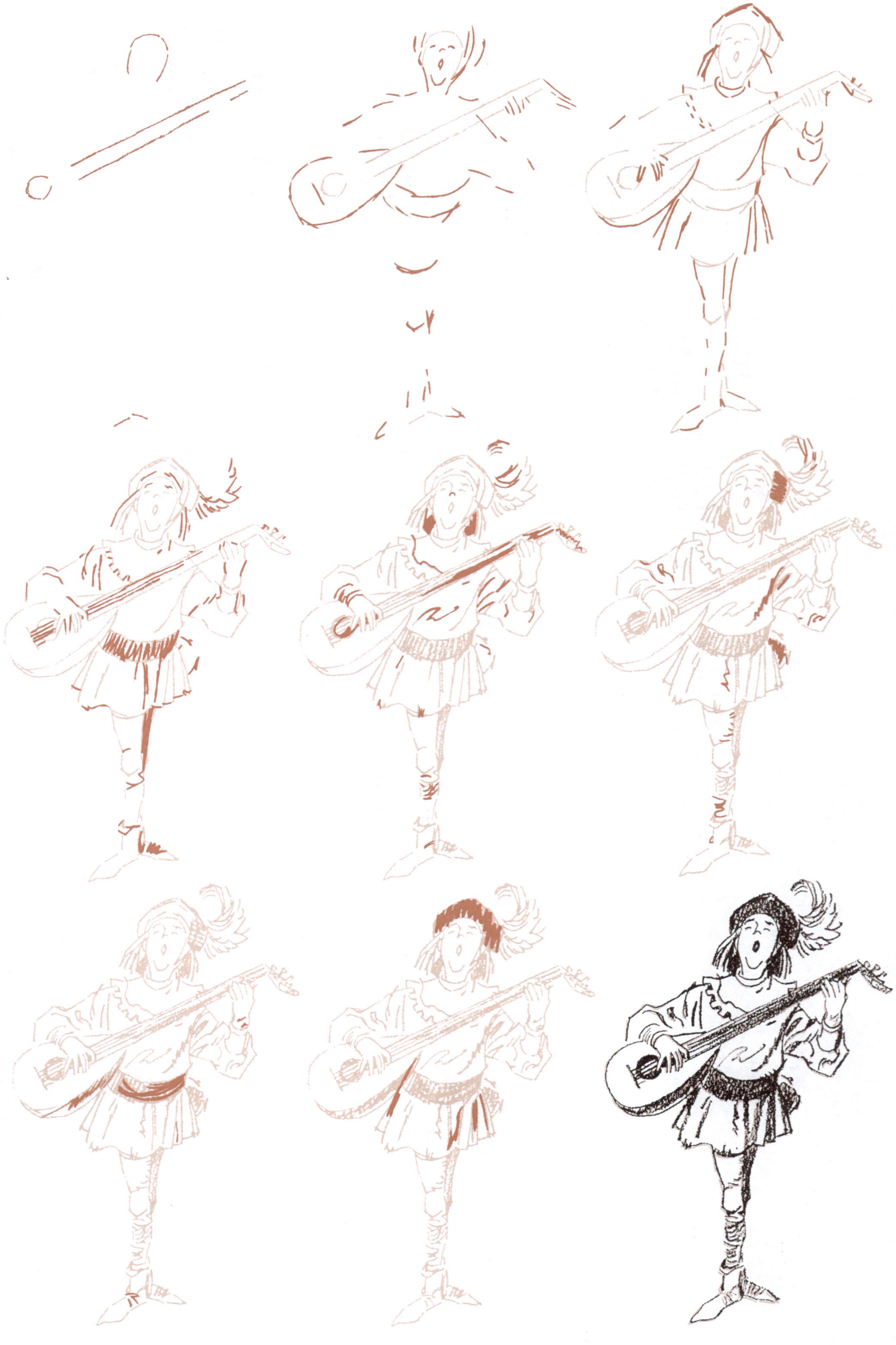

8. Troubadour médiéval

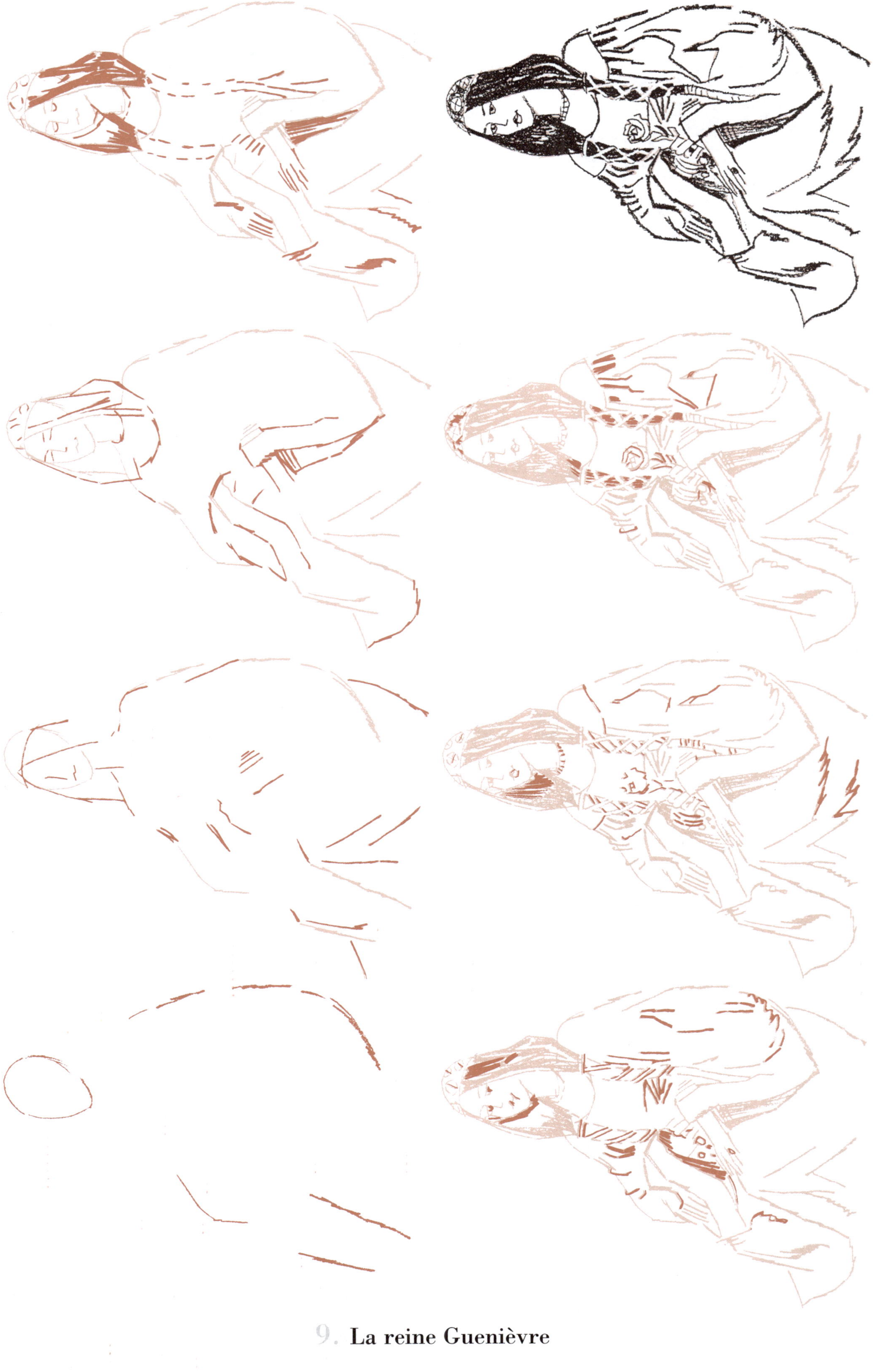

9. La reine Guenièvre

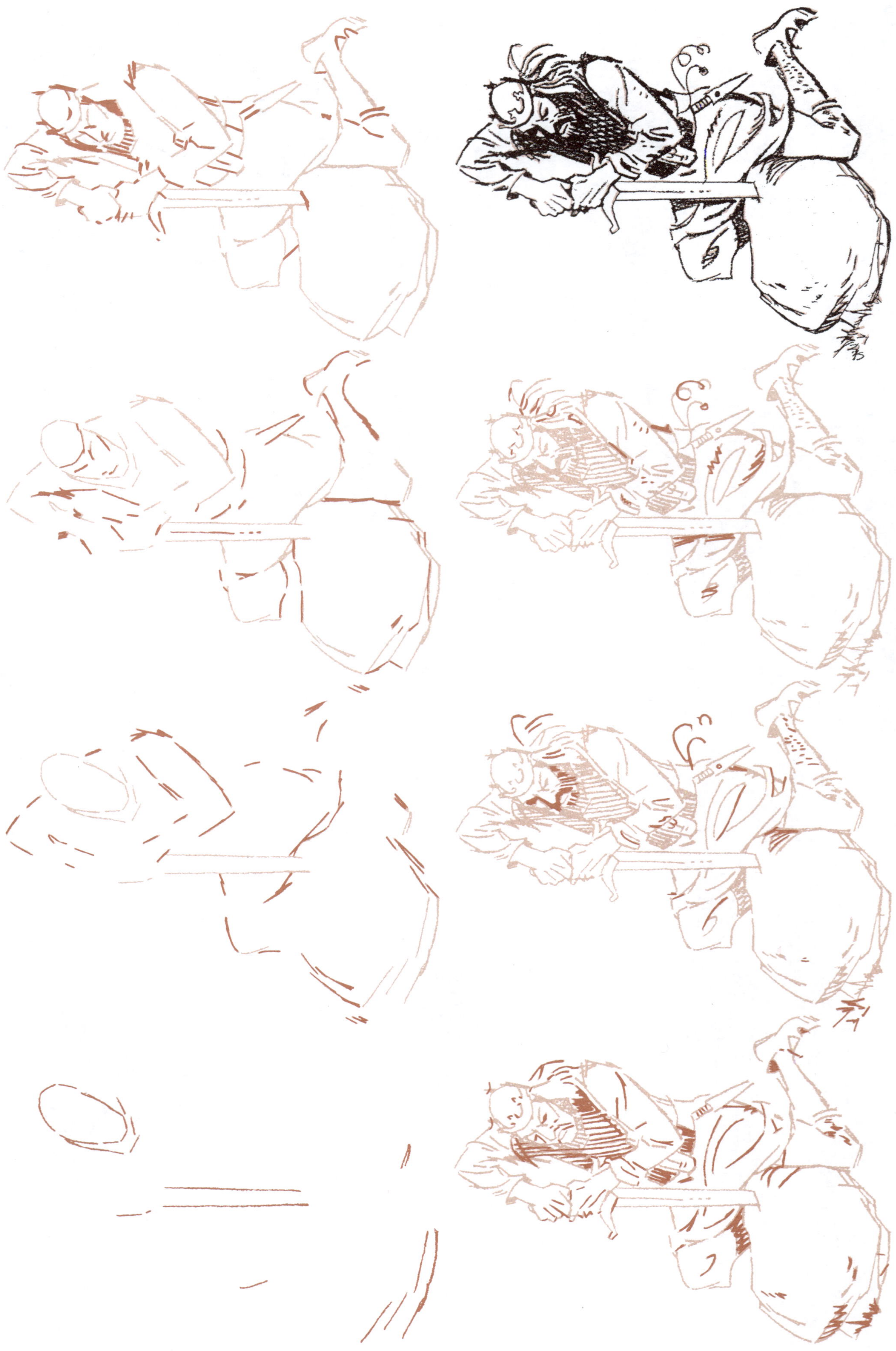

10. **Le roi Arthur et Excalibur**

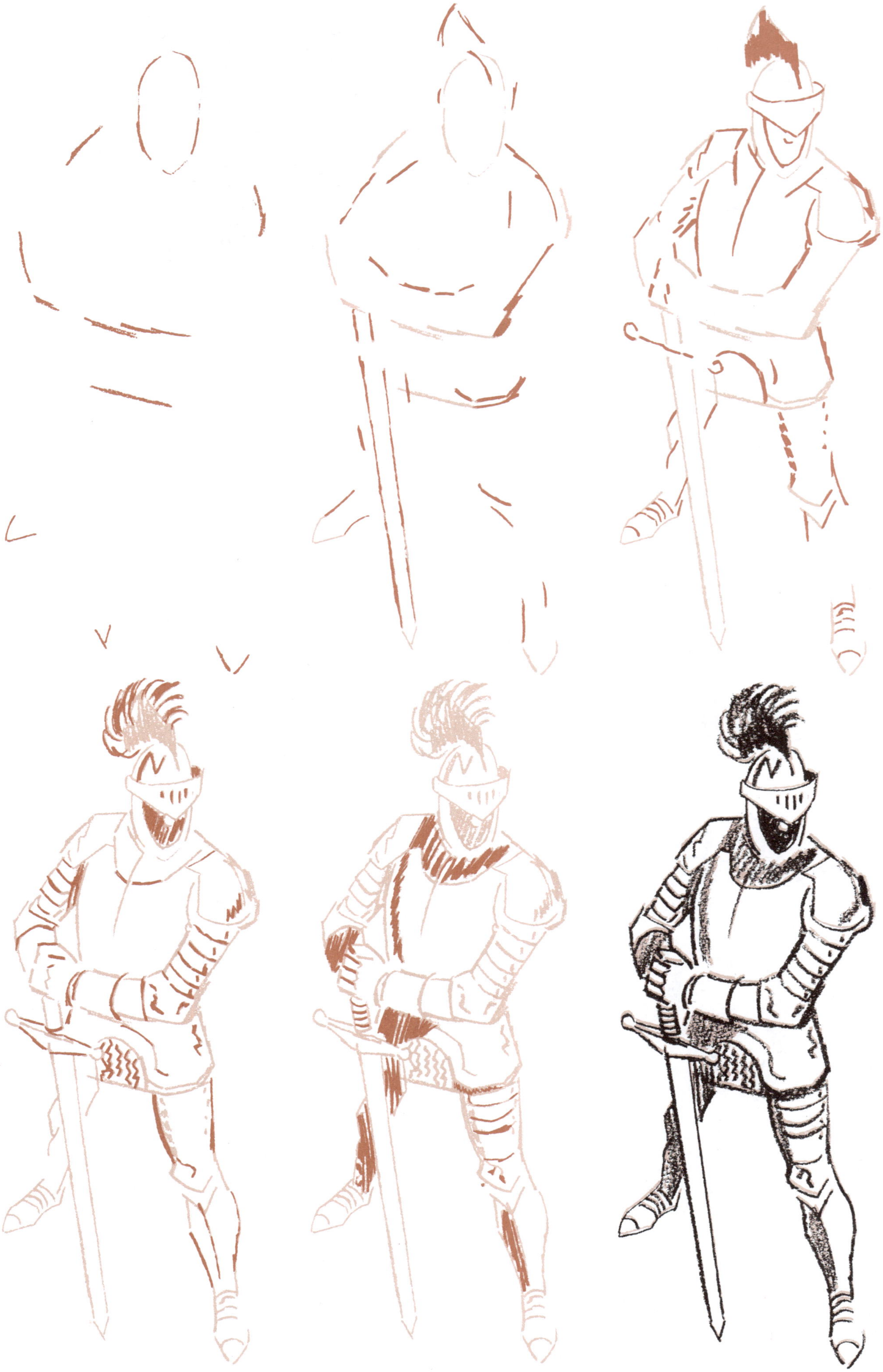

11. **Chevalier**

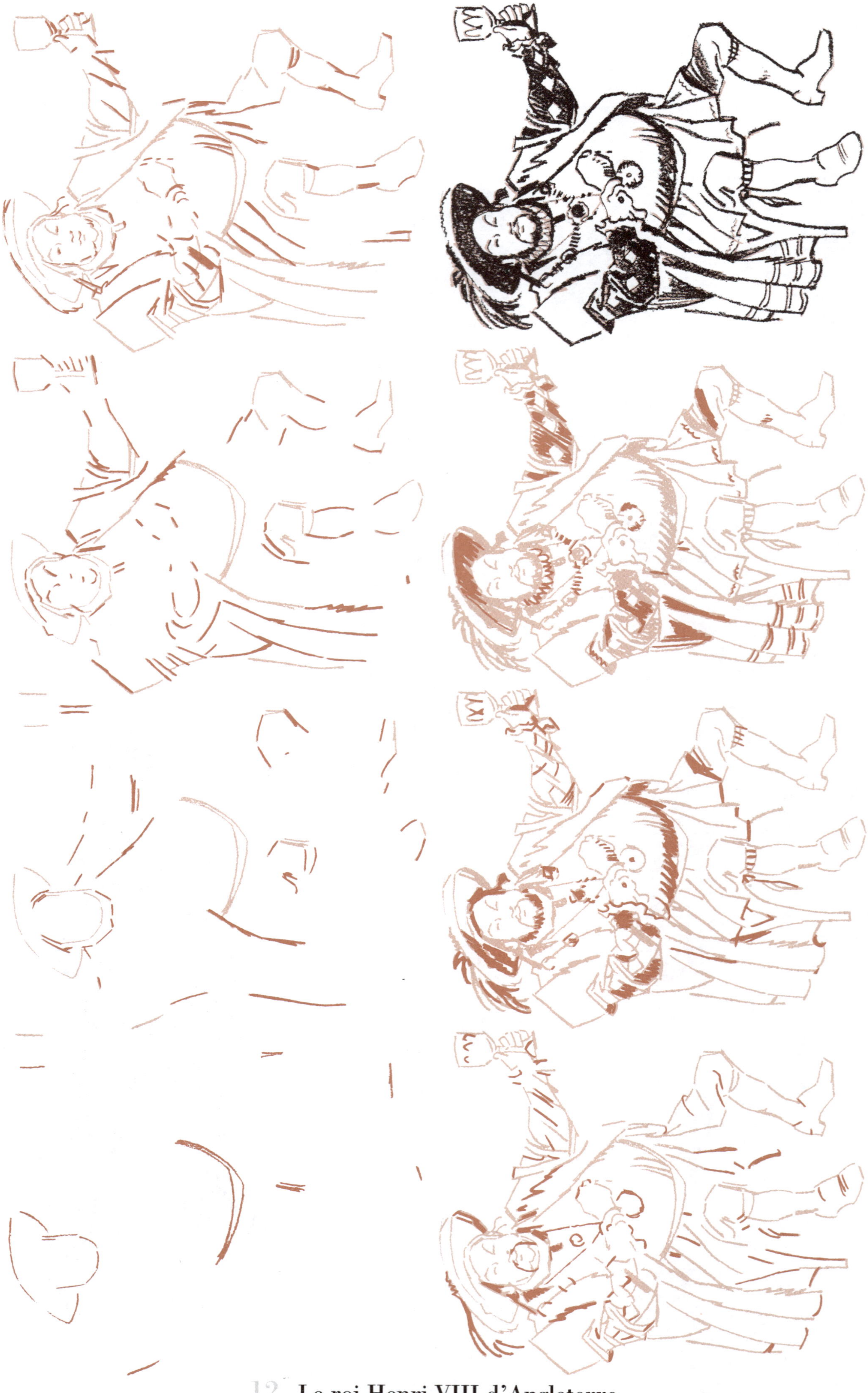

12. Le roi Henri VIII d'Angleterre

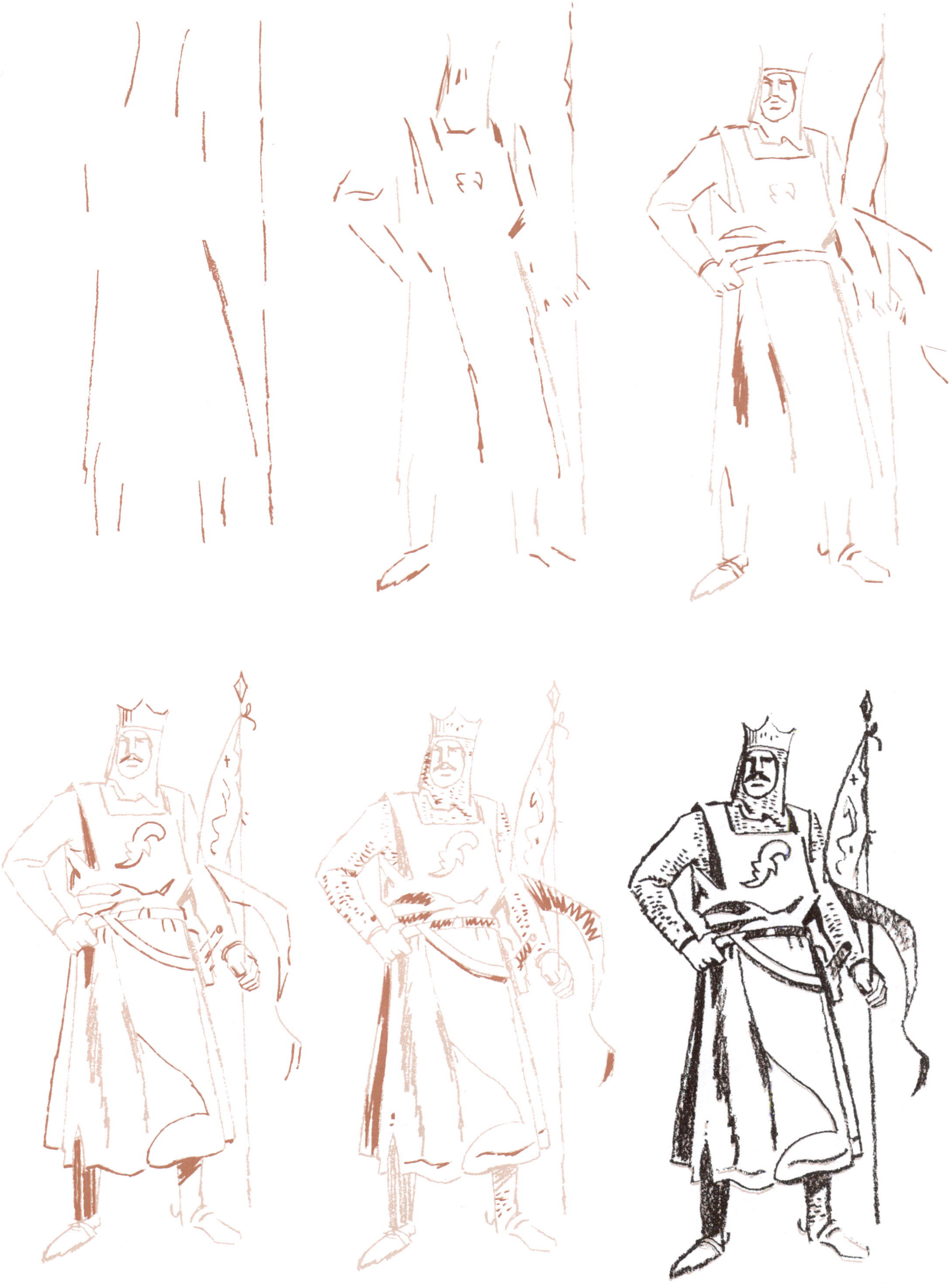

13. **Richard Cœur de Lion**

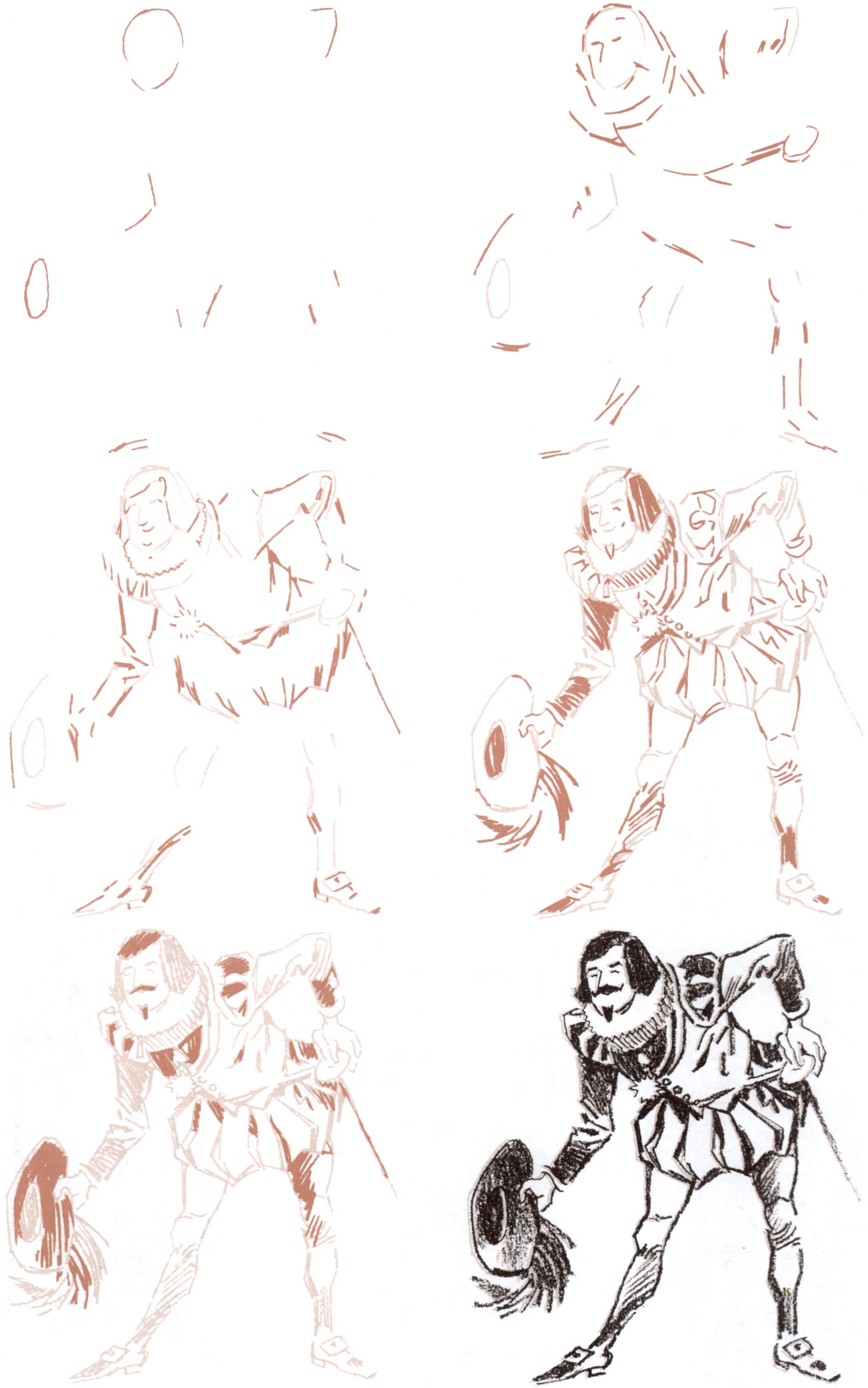

14. Acteur du XVIIe siècle

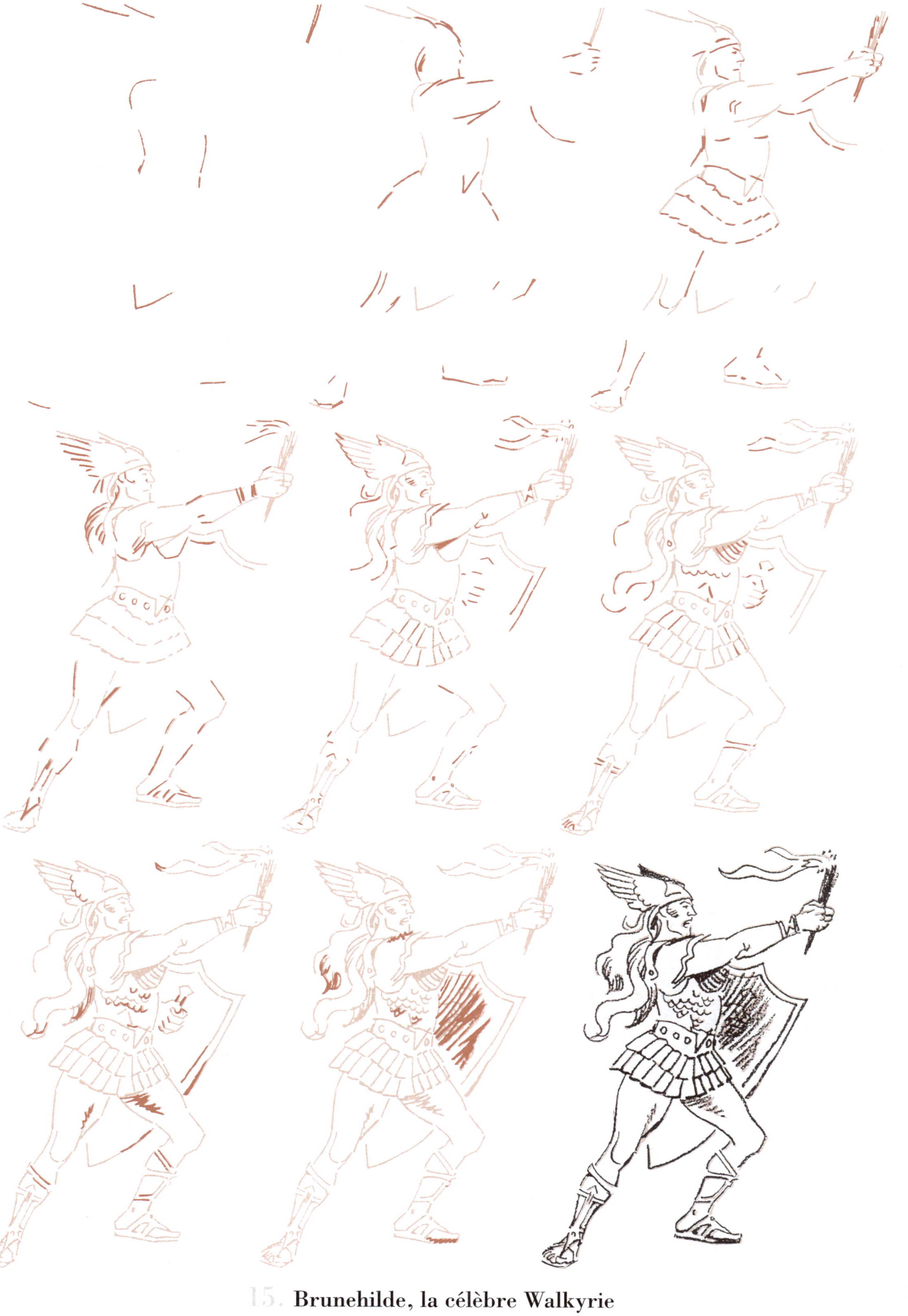

15. **Brunehilde, la célèbre Walkyrie**

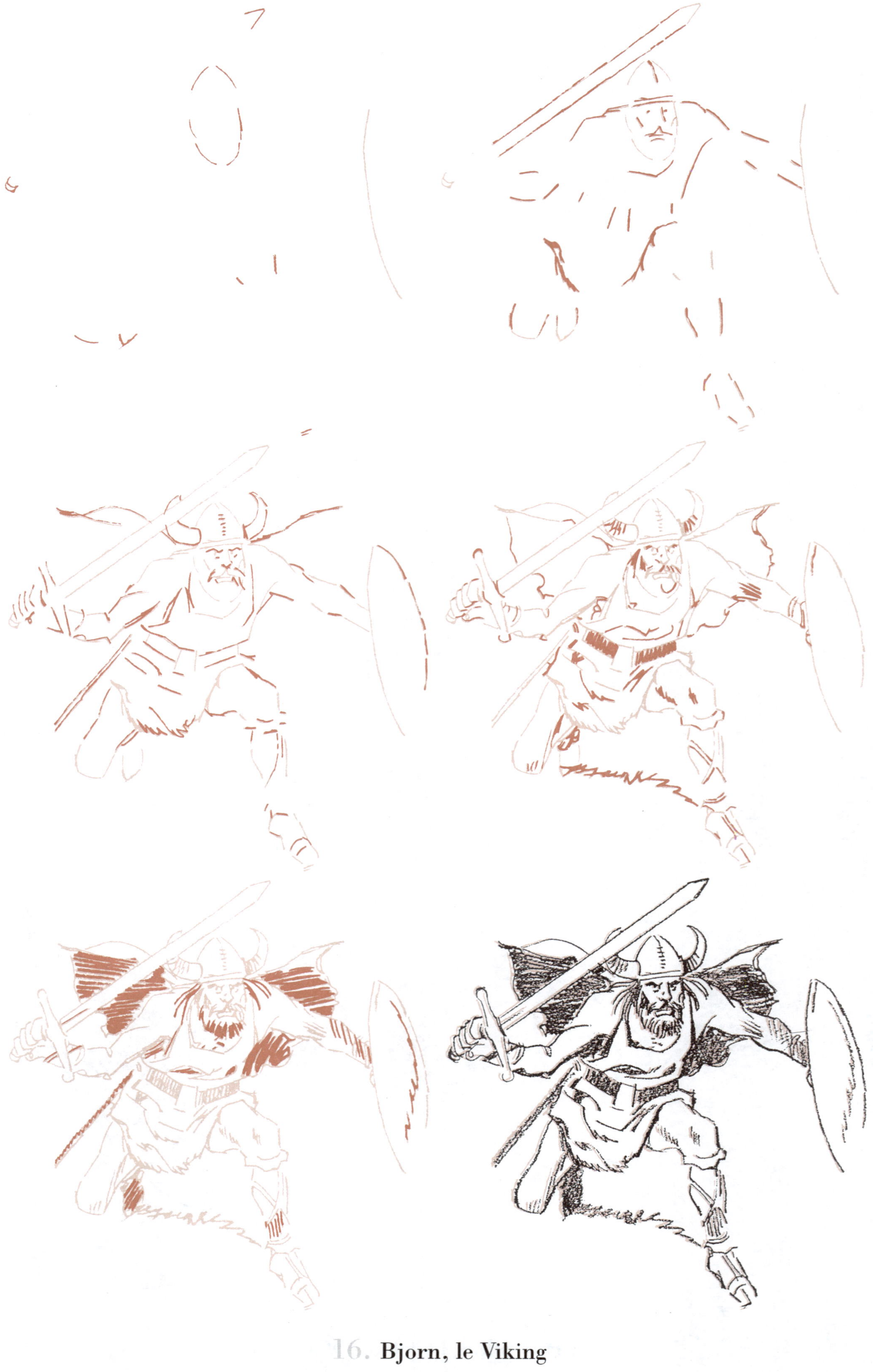

16. **Bjorn, le Viking**

17. **Vigie sur le Santa Marìa**

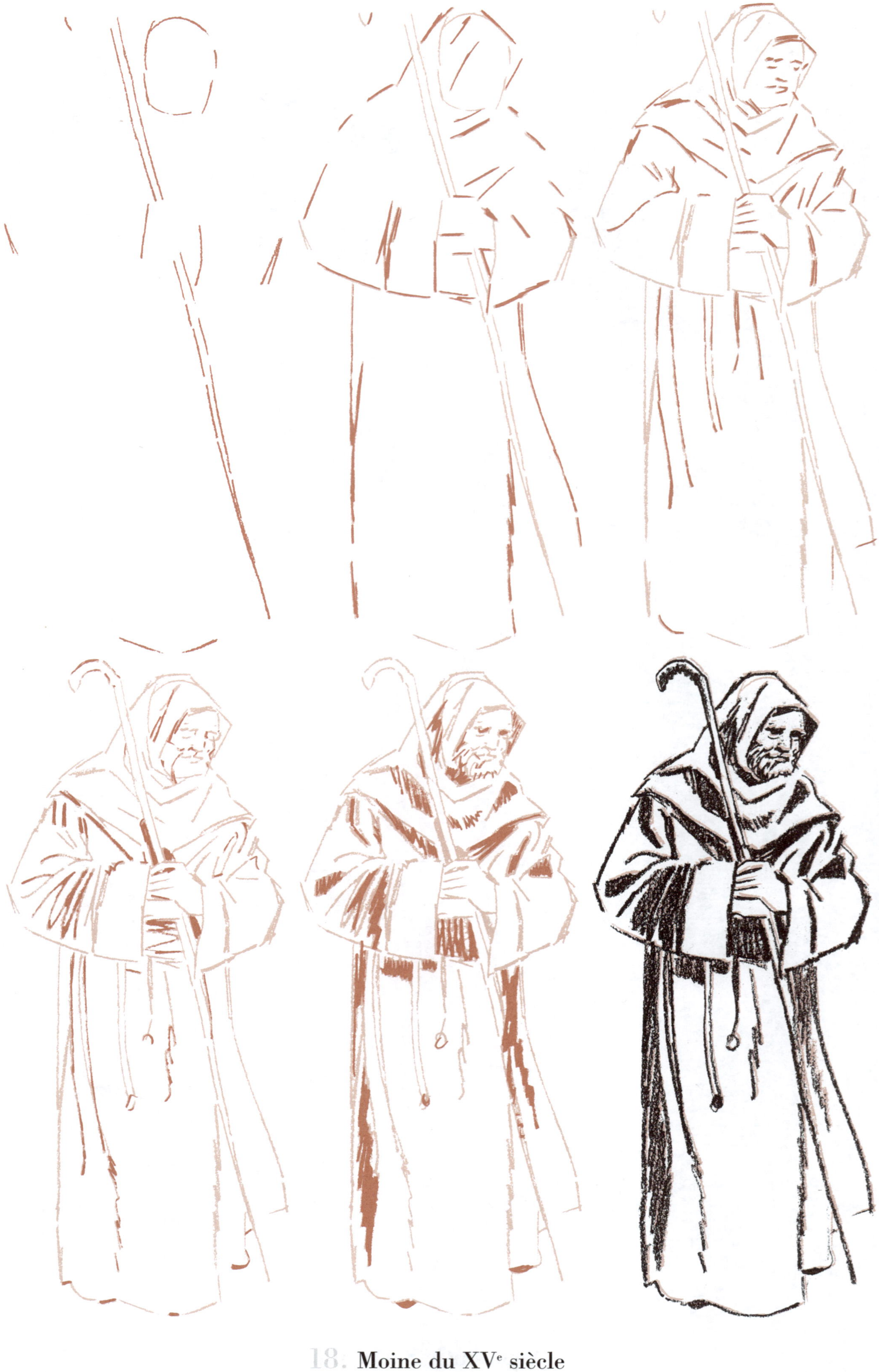

18. **Moine du XVe siècle**

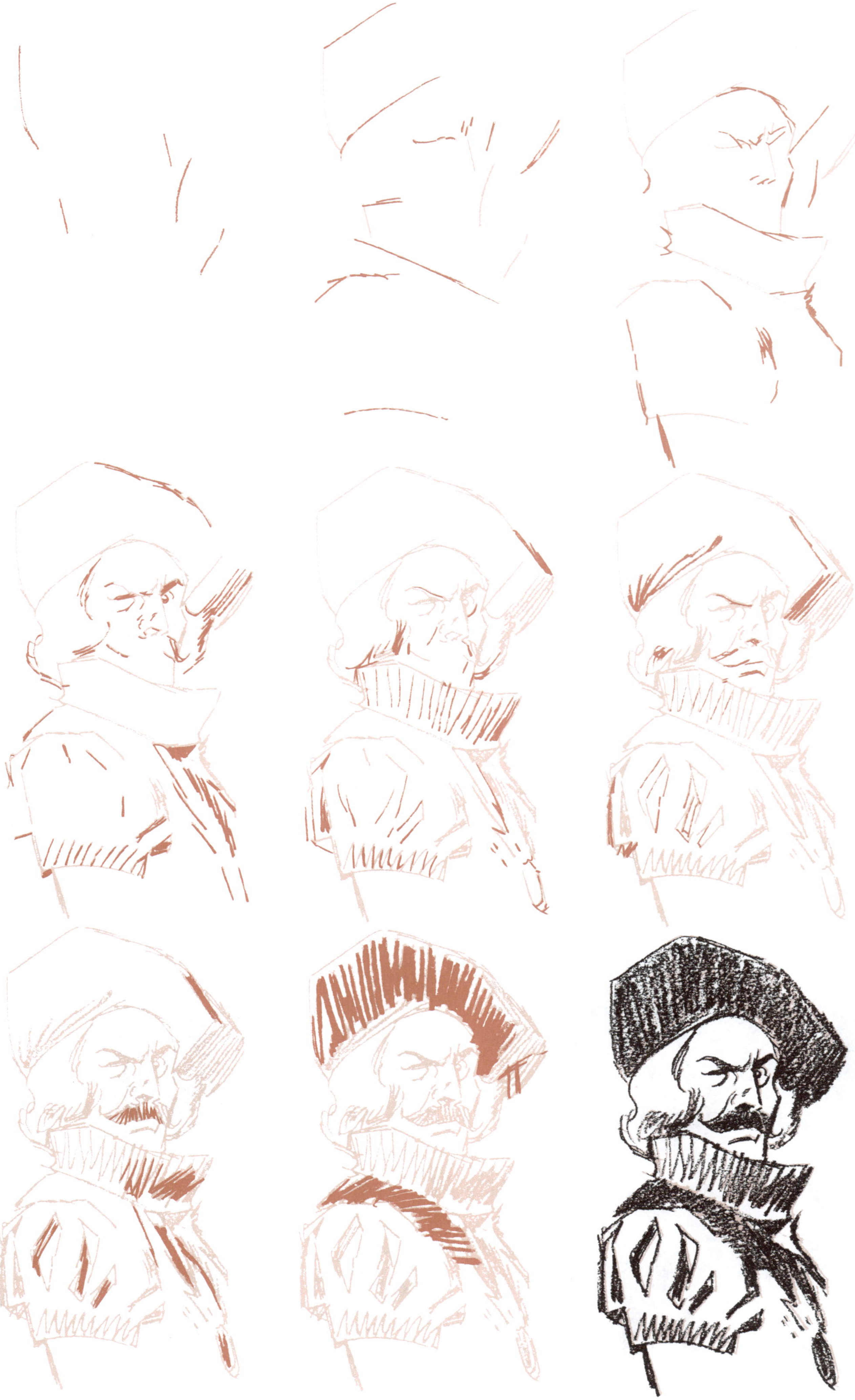

19. Samuel de Champlain, le fondateur du Québec, vers 1608

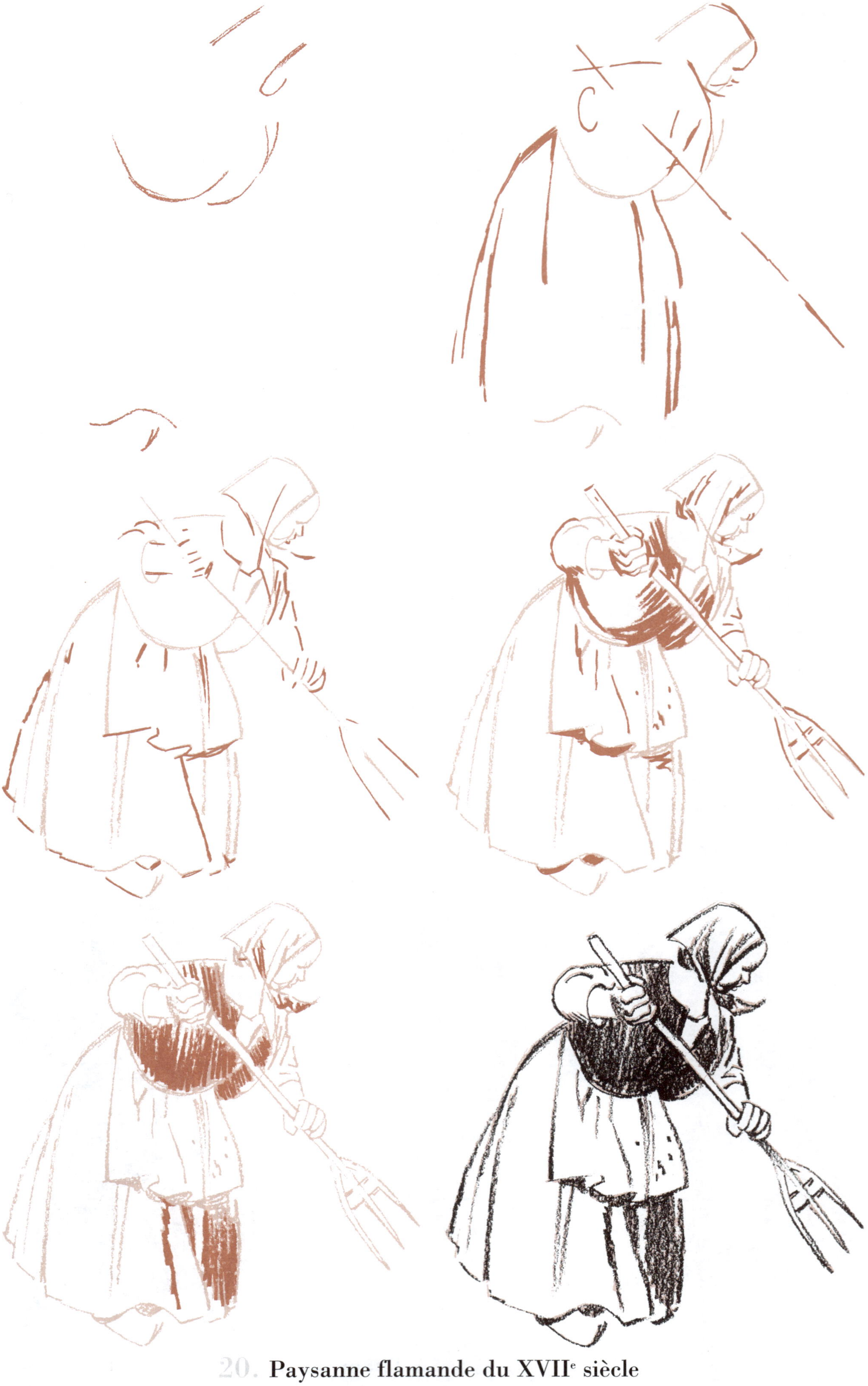

20. **Paysanne flamande du XVIIe siècle**

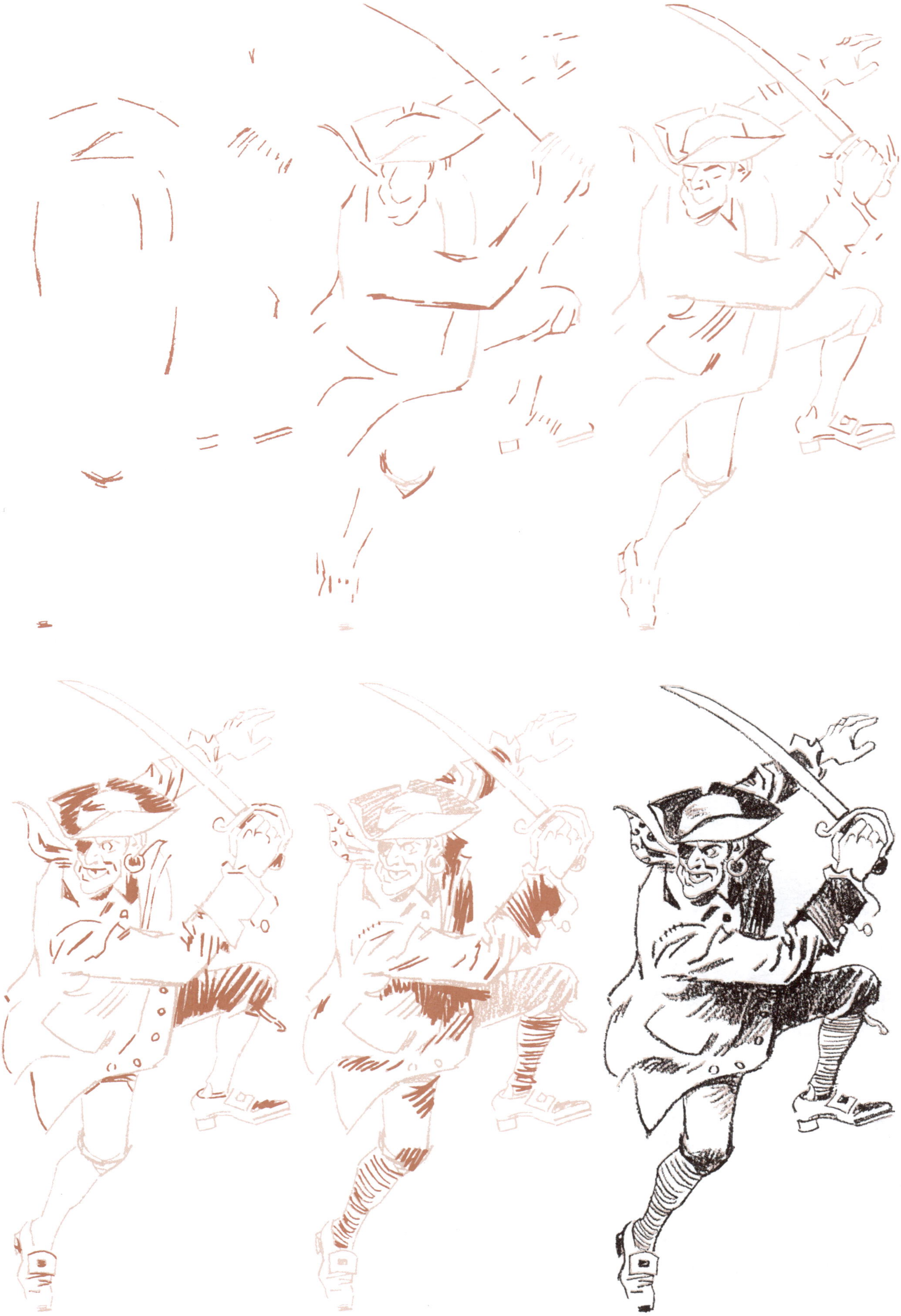

21. **Pirate**

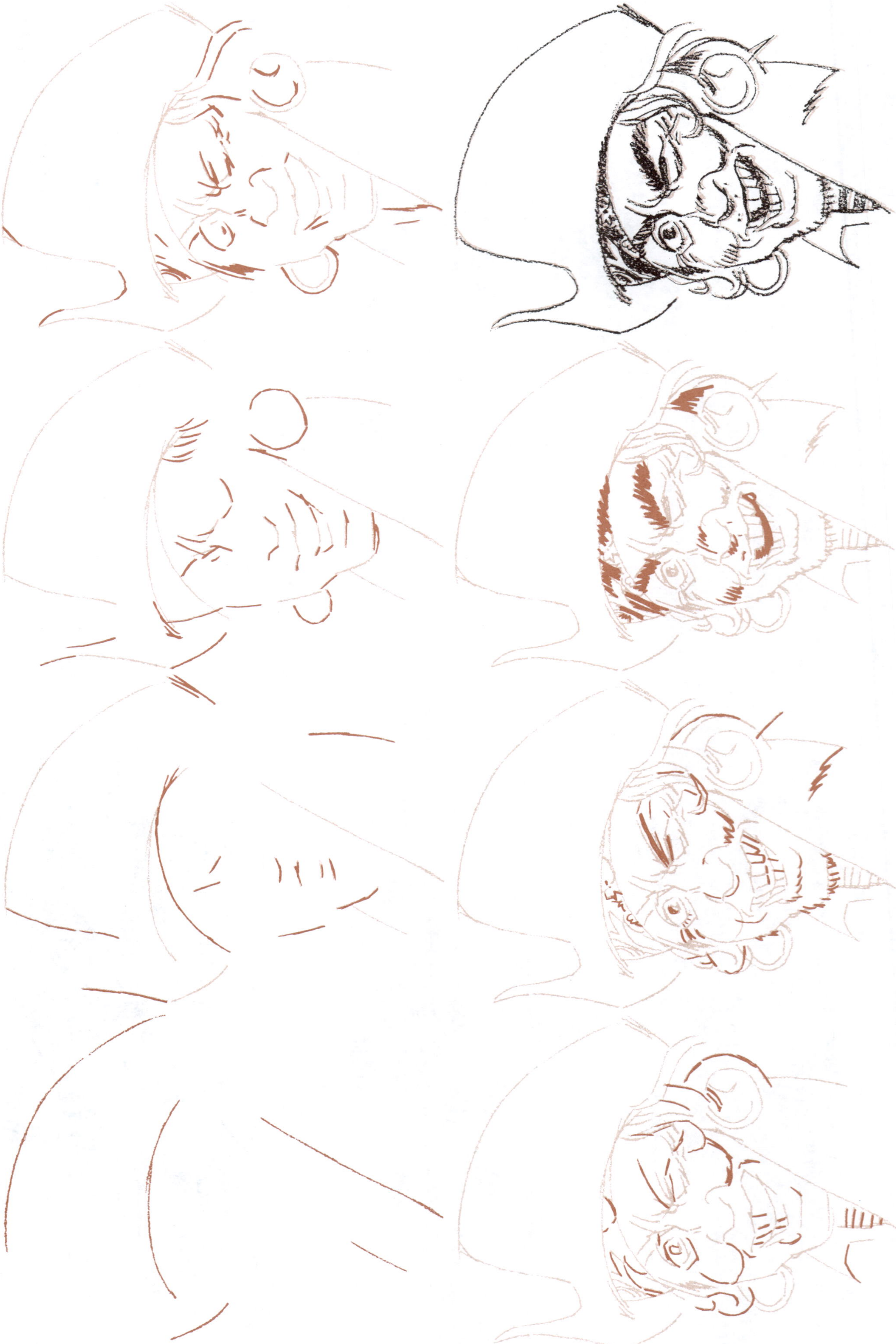

22. **Boucanier**

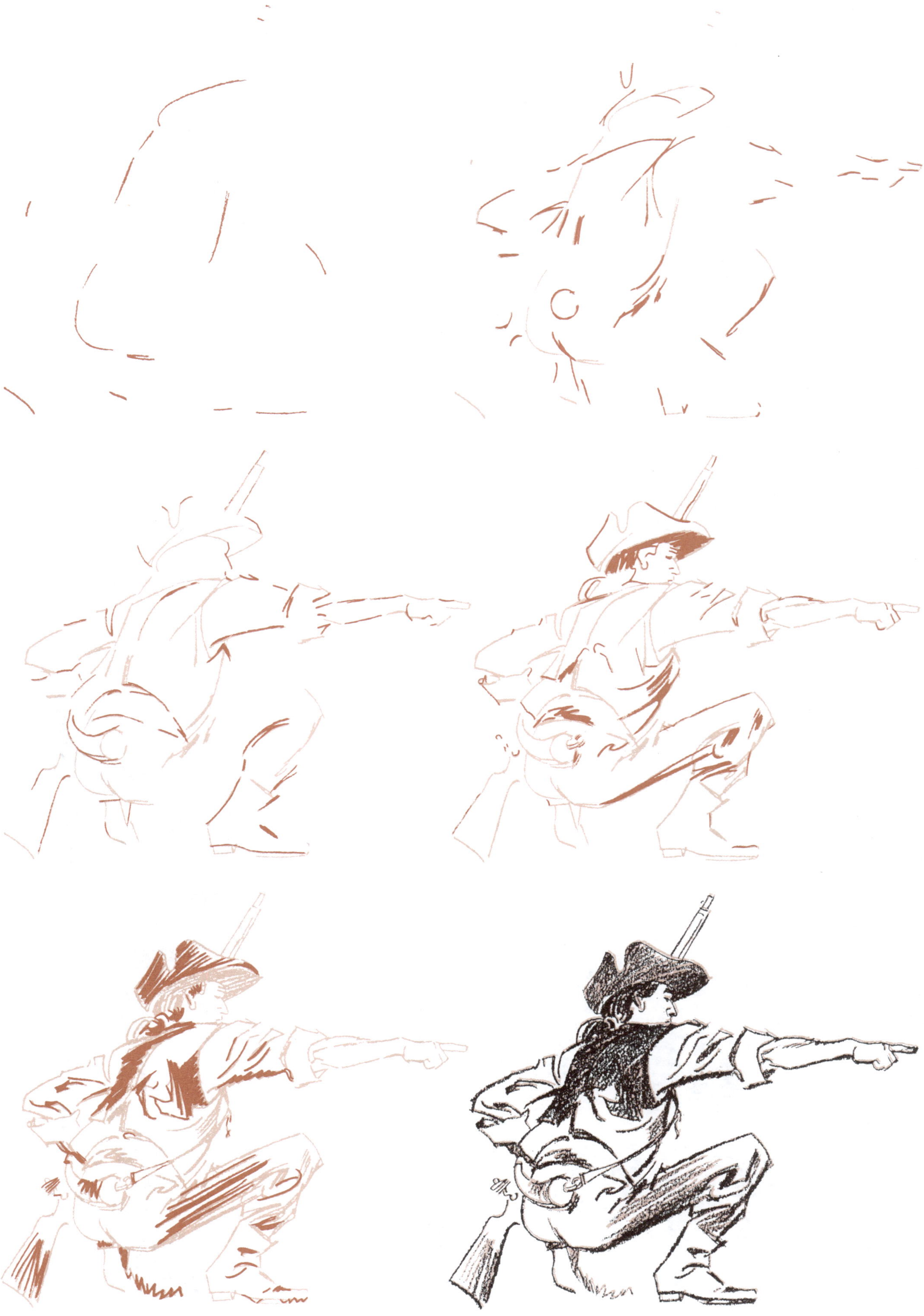

23. **Éclaireur américain**

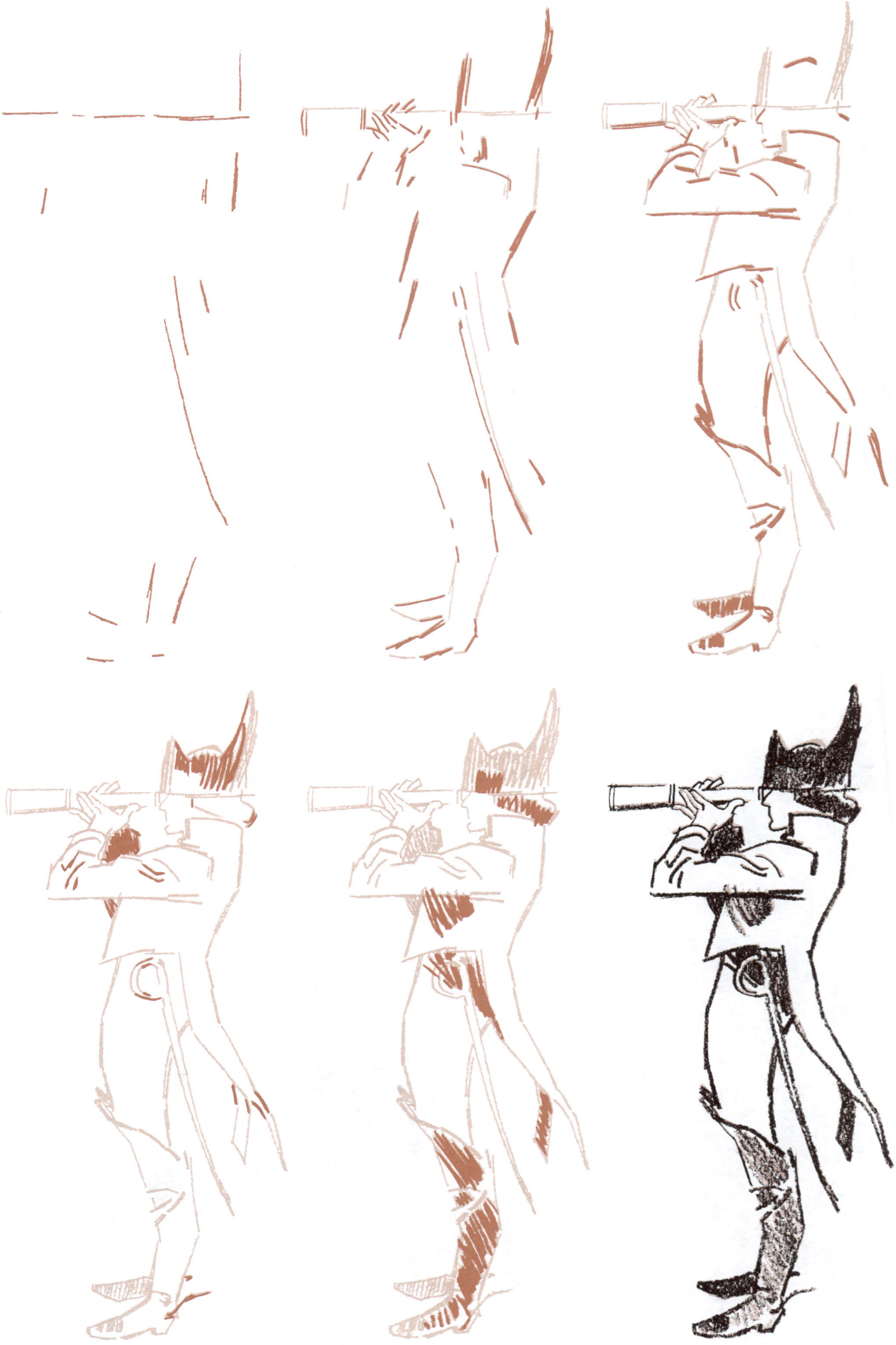

24. Officier de l'Empire

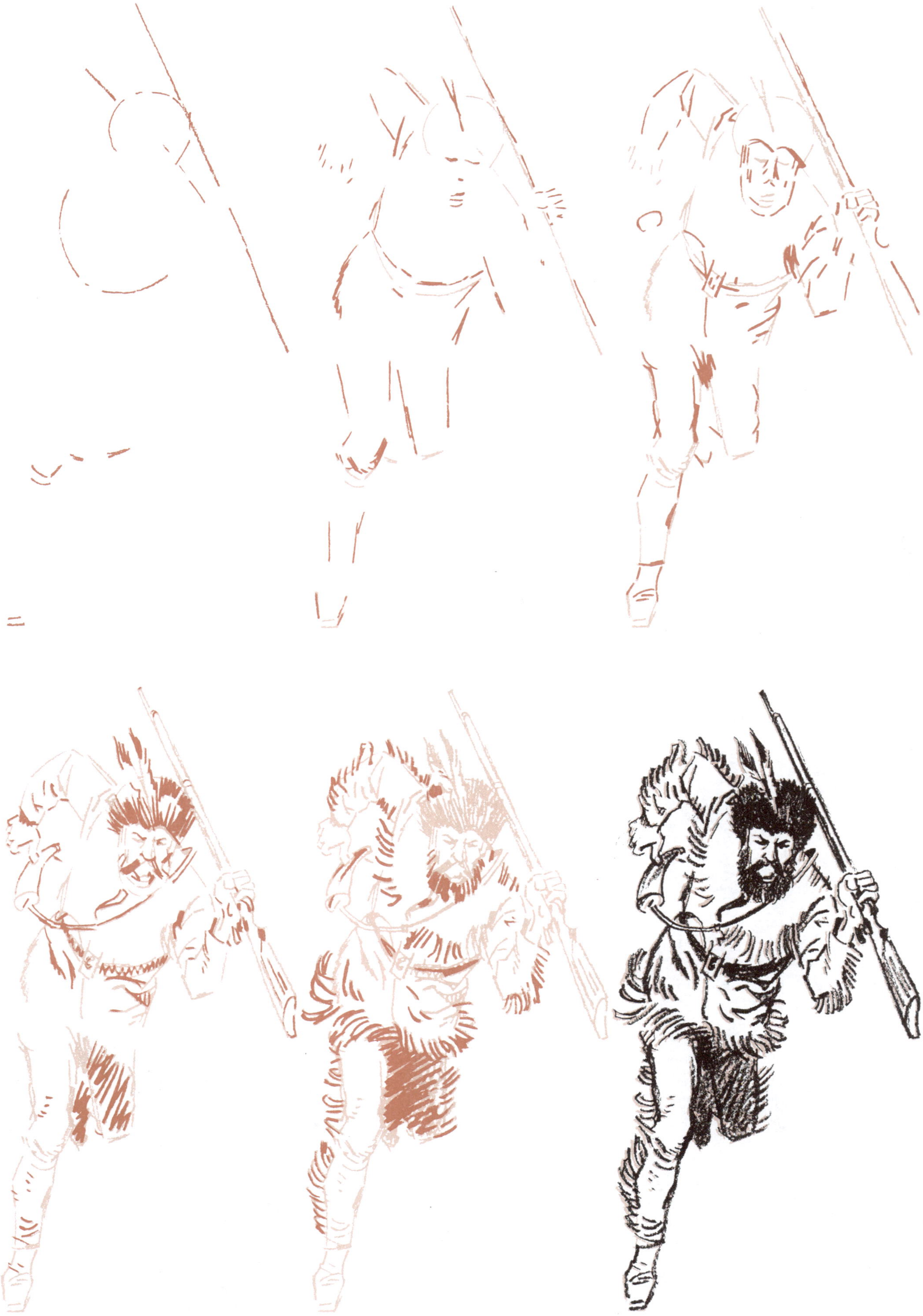

25. Trappeur

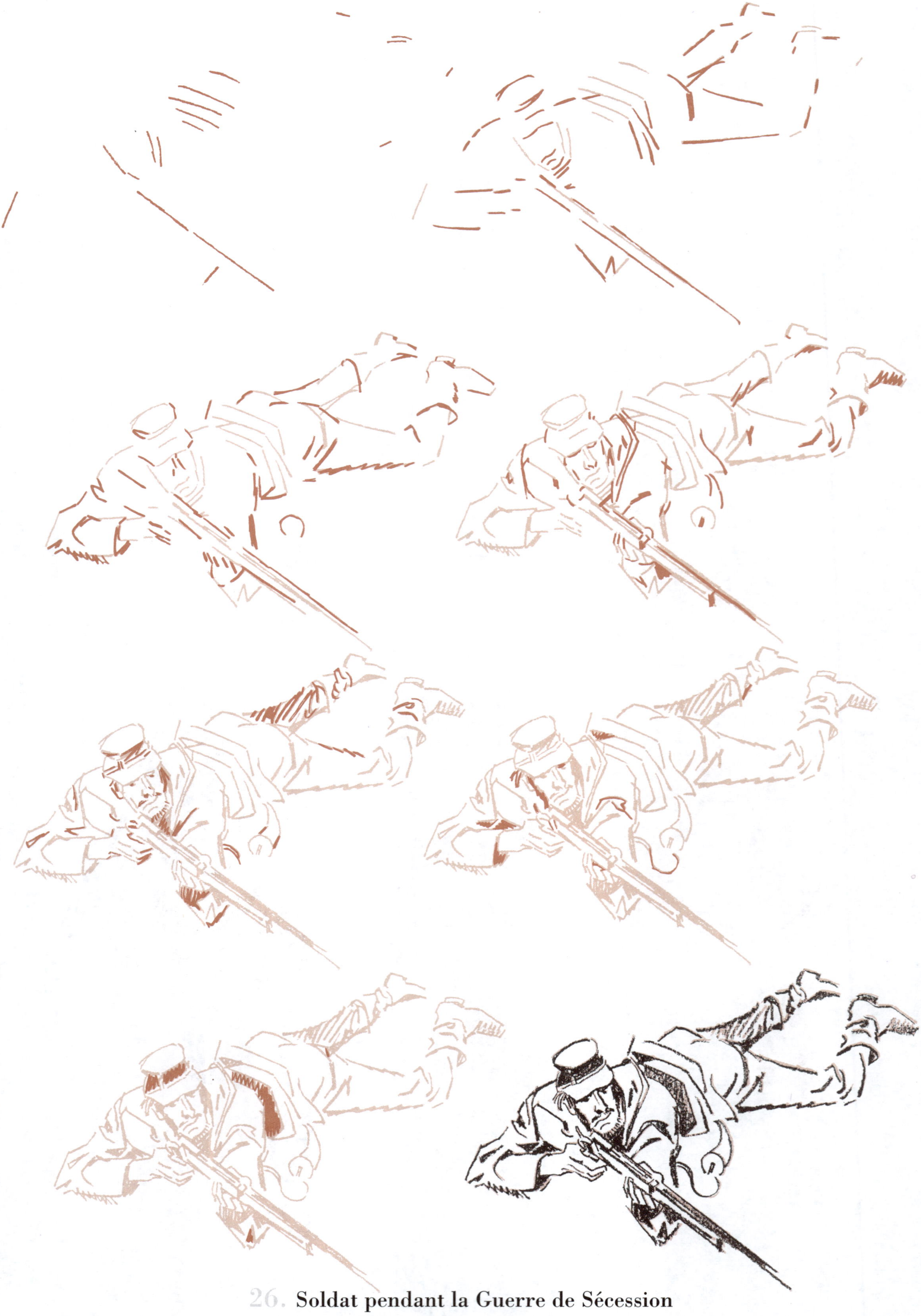

26. **Soldat pendant la Guerre de Sécession**

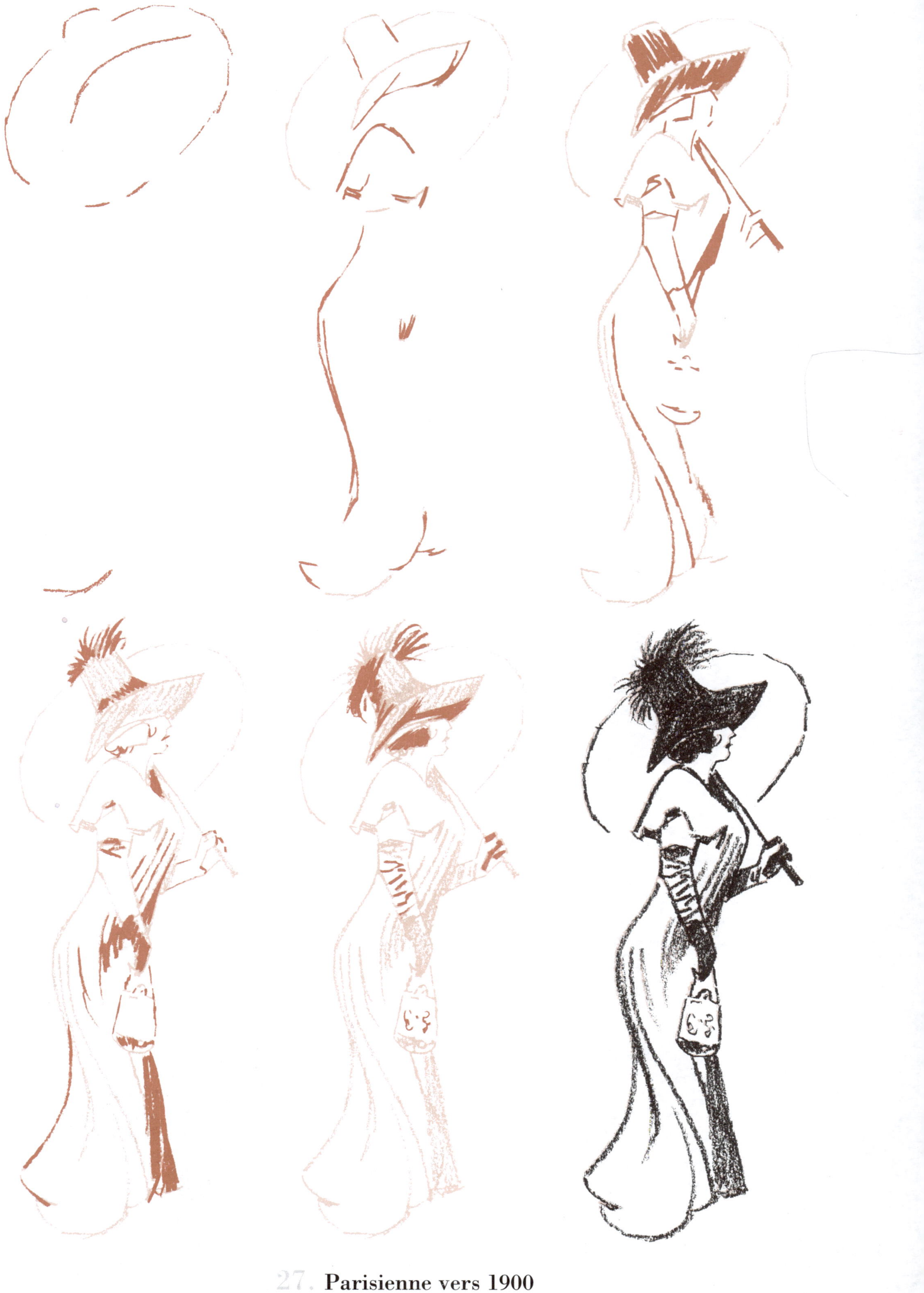

27. **Parisienne vers 1900**

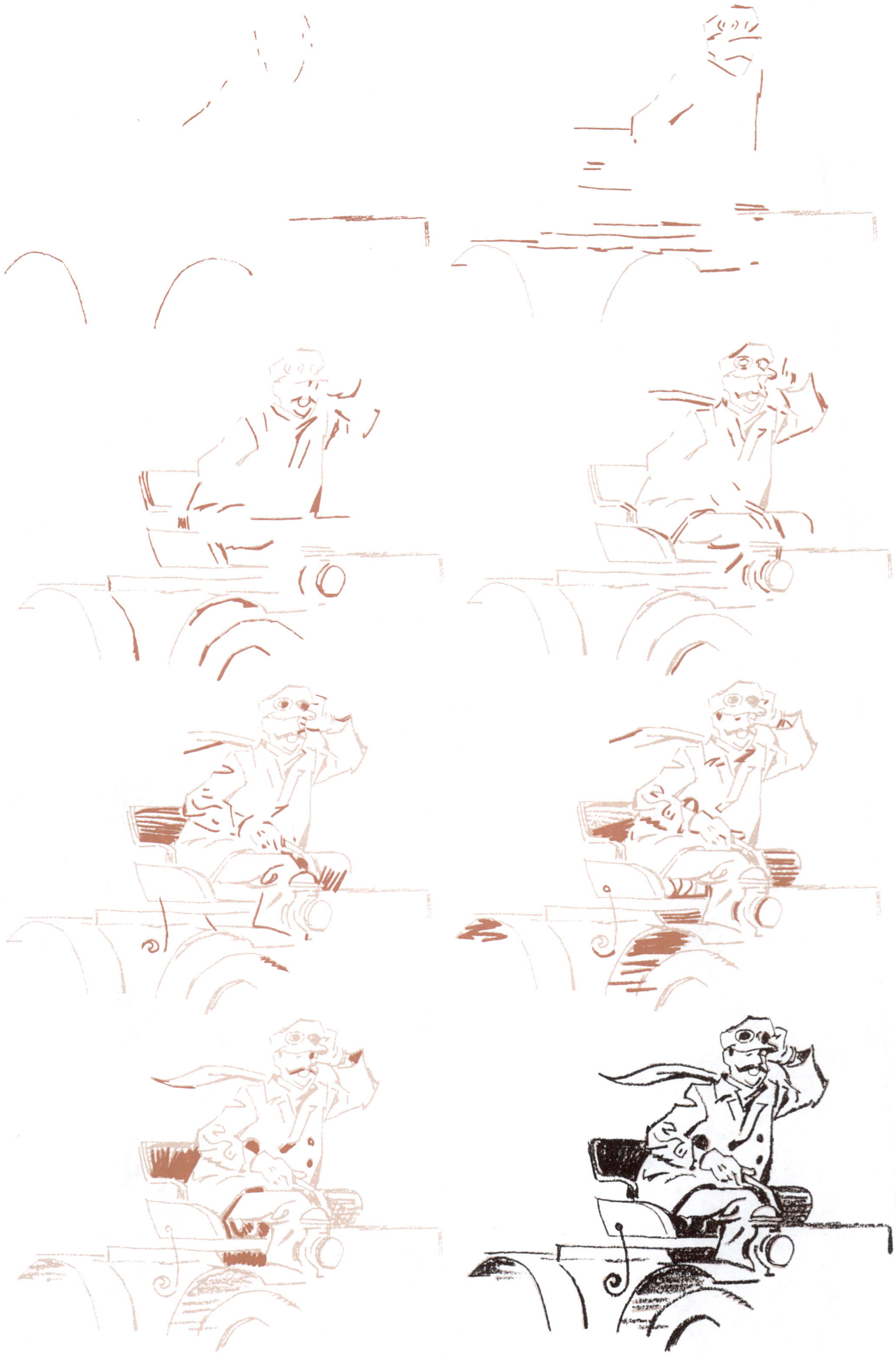

28. **Conducteur automobile, vers 1908**

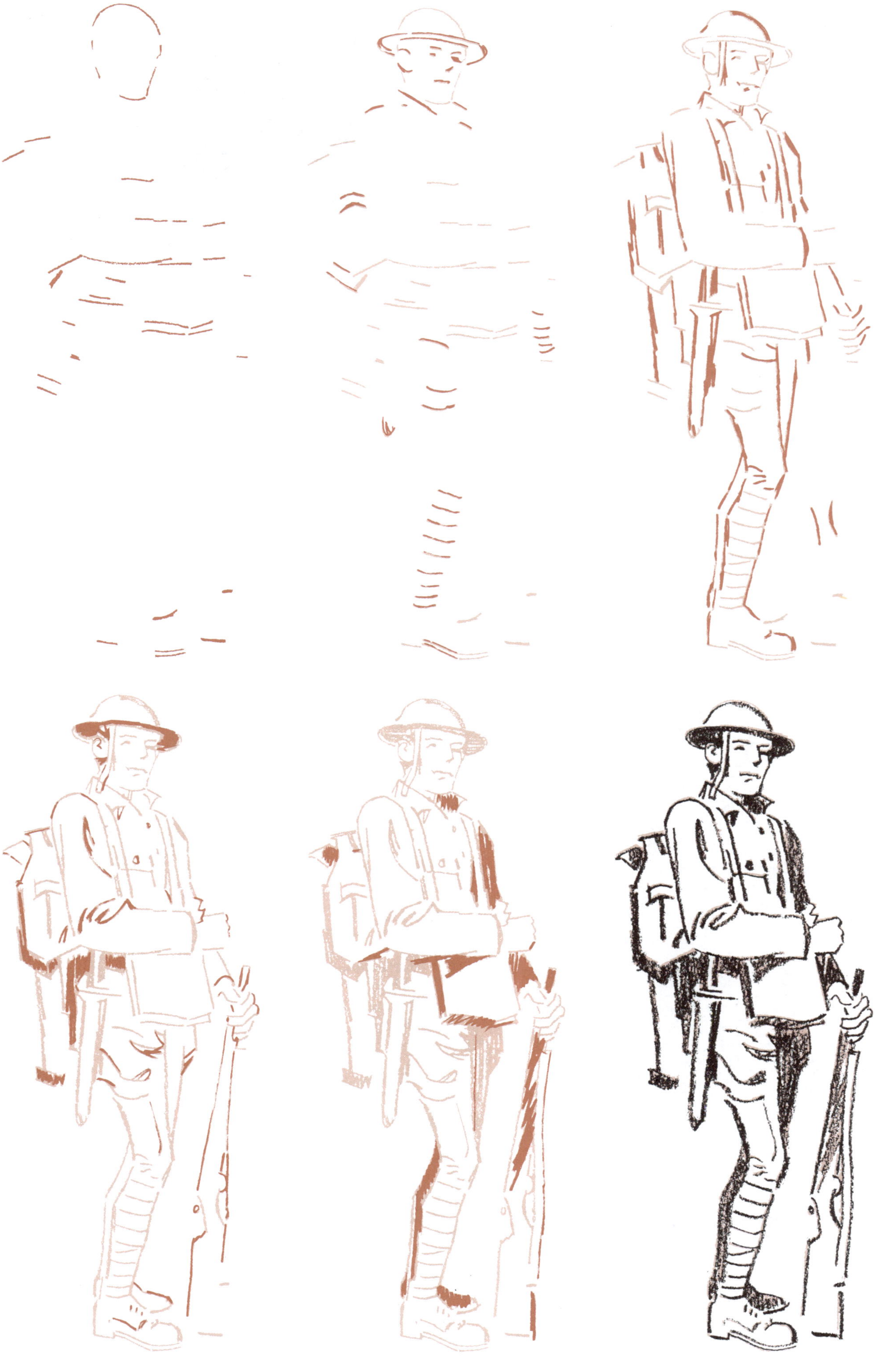

29. Soldat américain pendant la Première Guerre mondiale

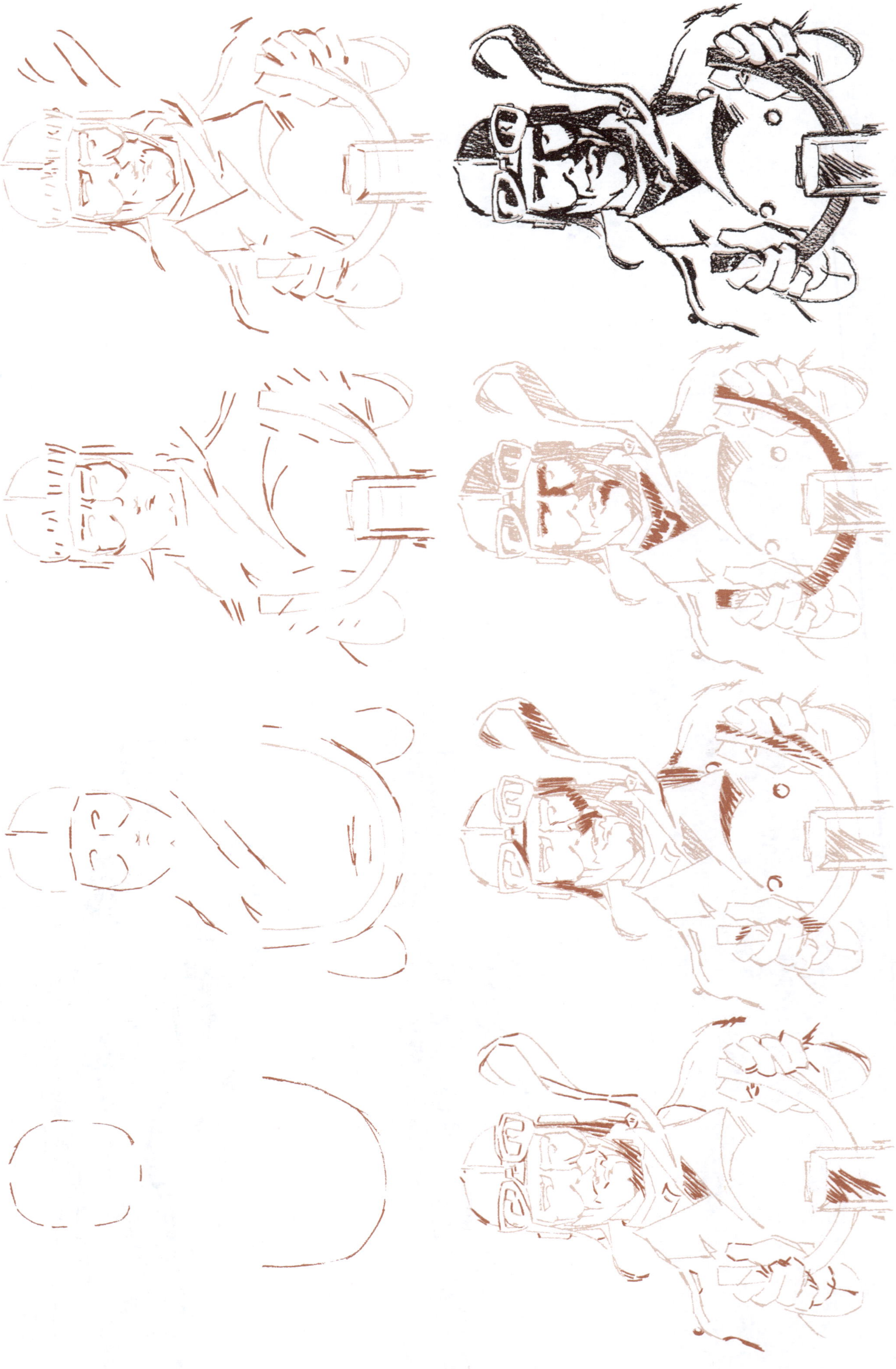

30. **Aviateur au début des années trente**

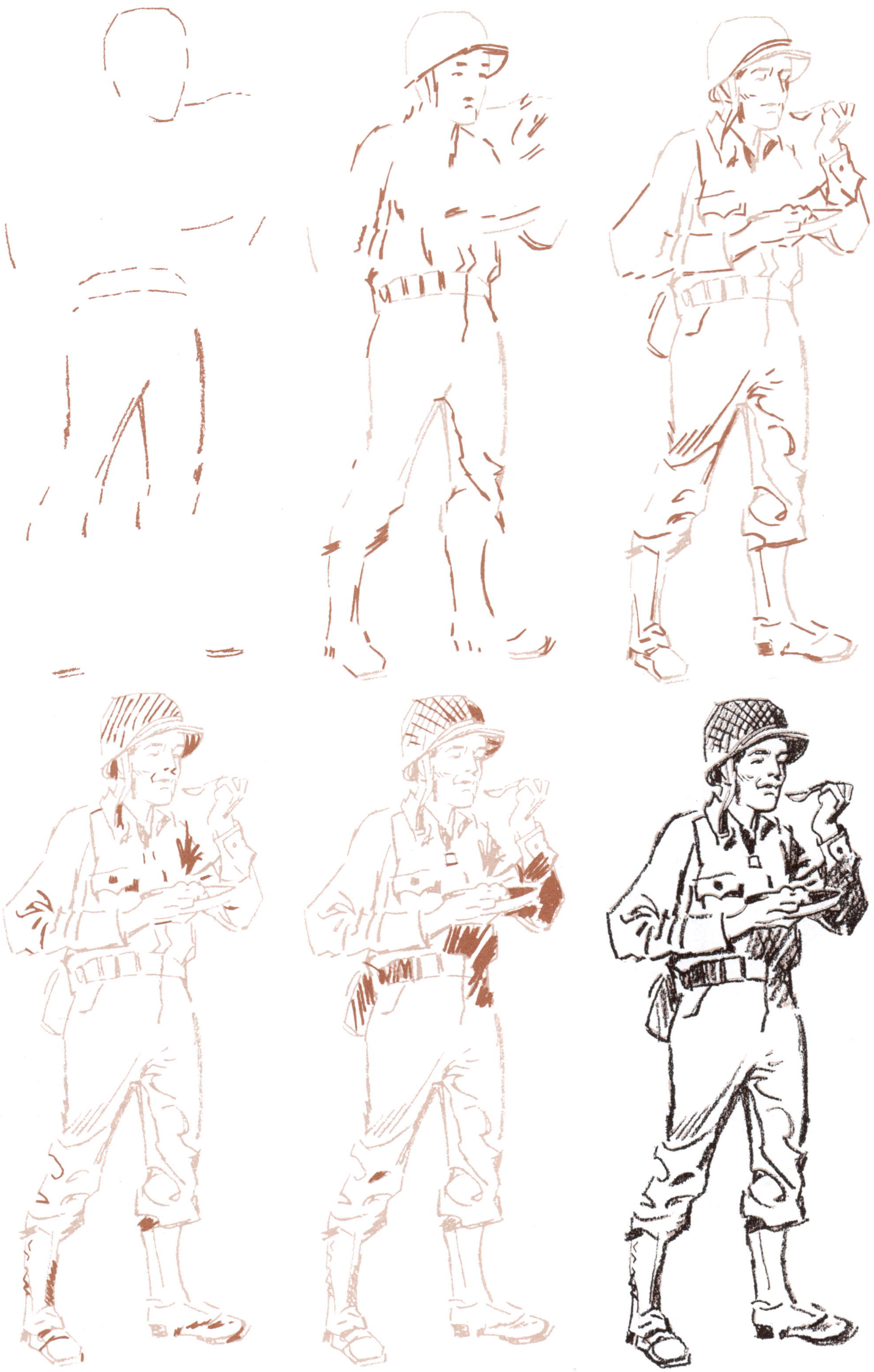

31. **G.I. américain pendant la Deuxième Guerre mondiale**

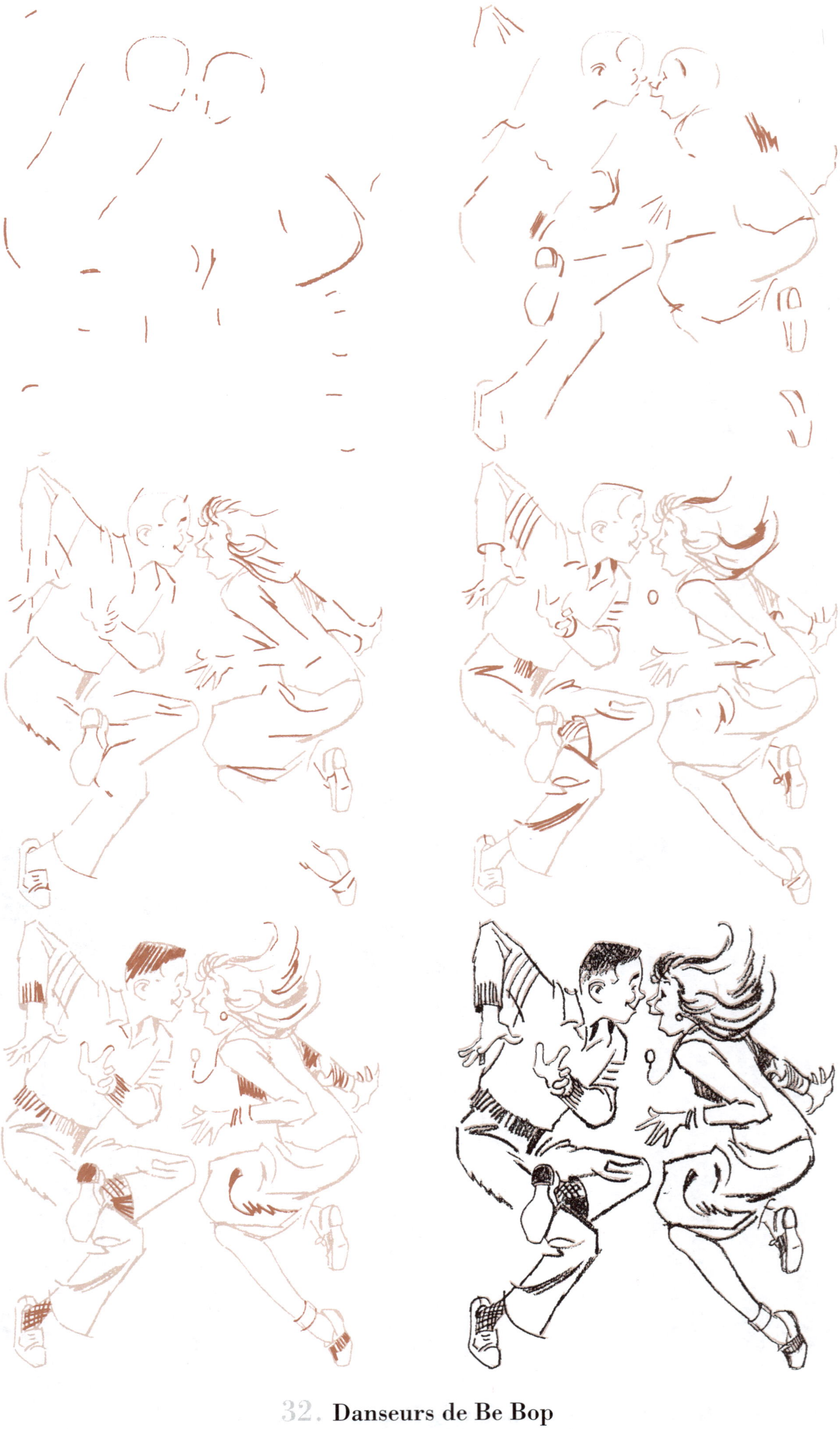

32. **Danseurs de Be Bop**

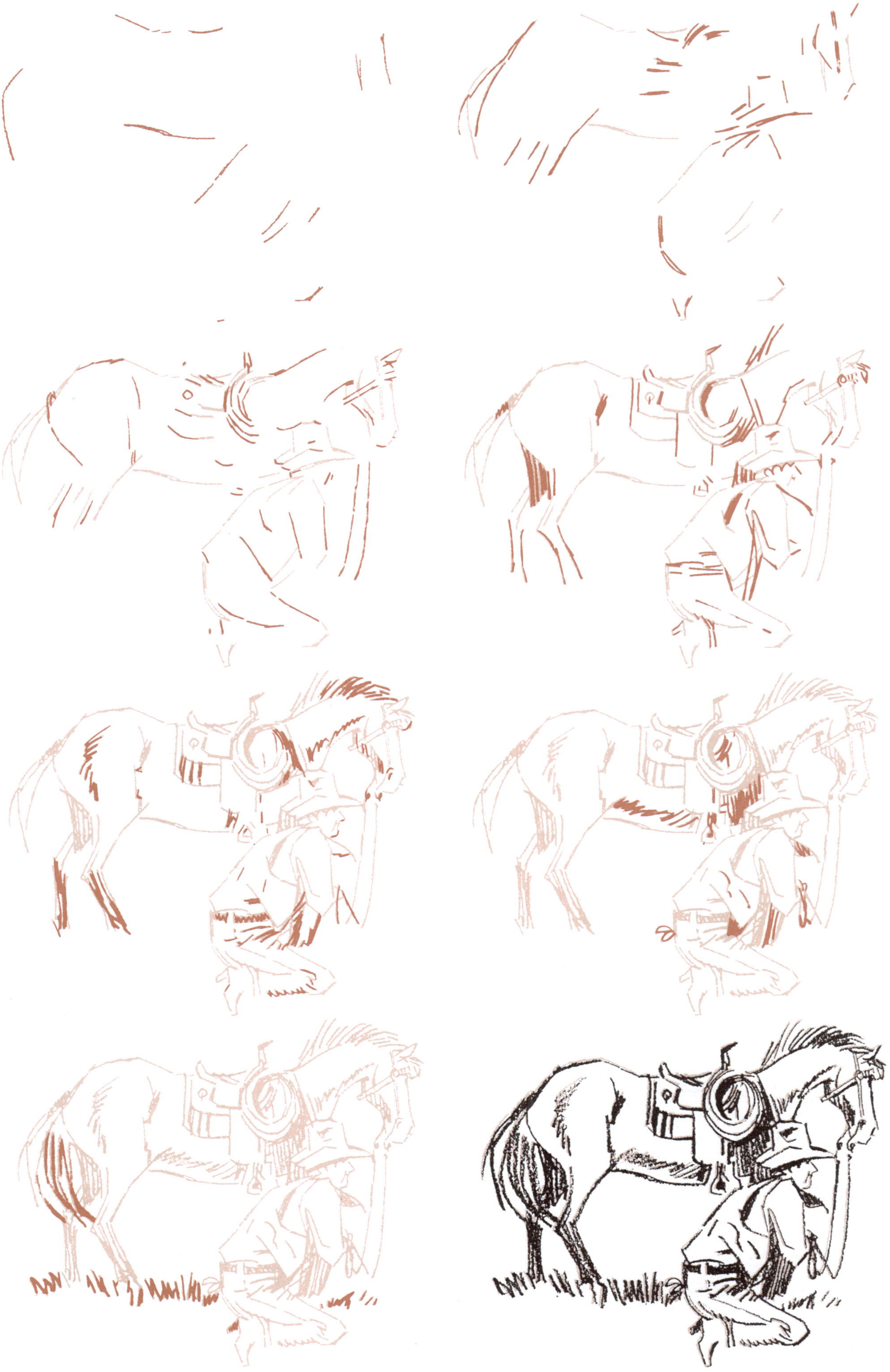

33. **Cowboy**

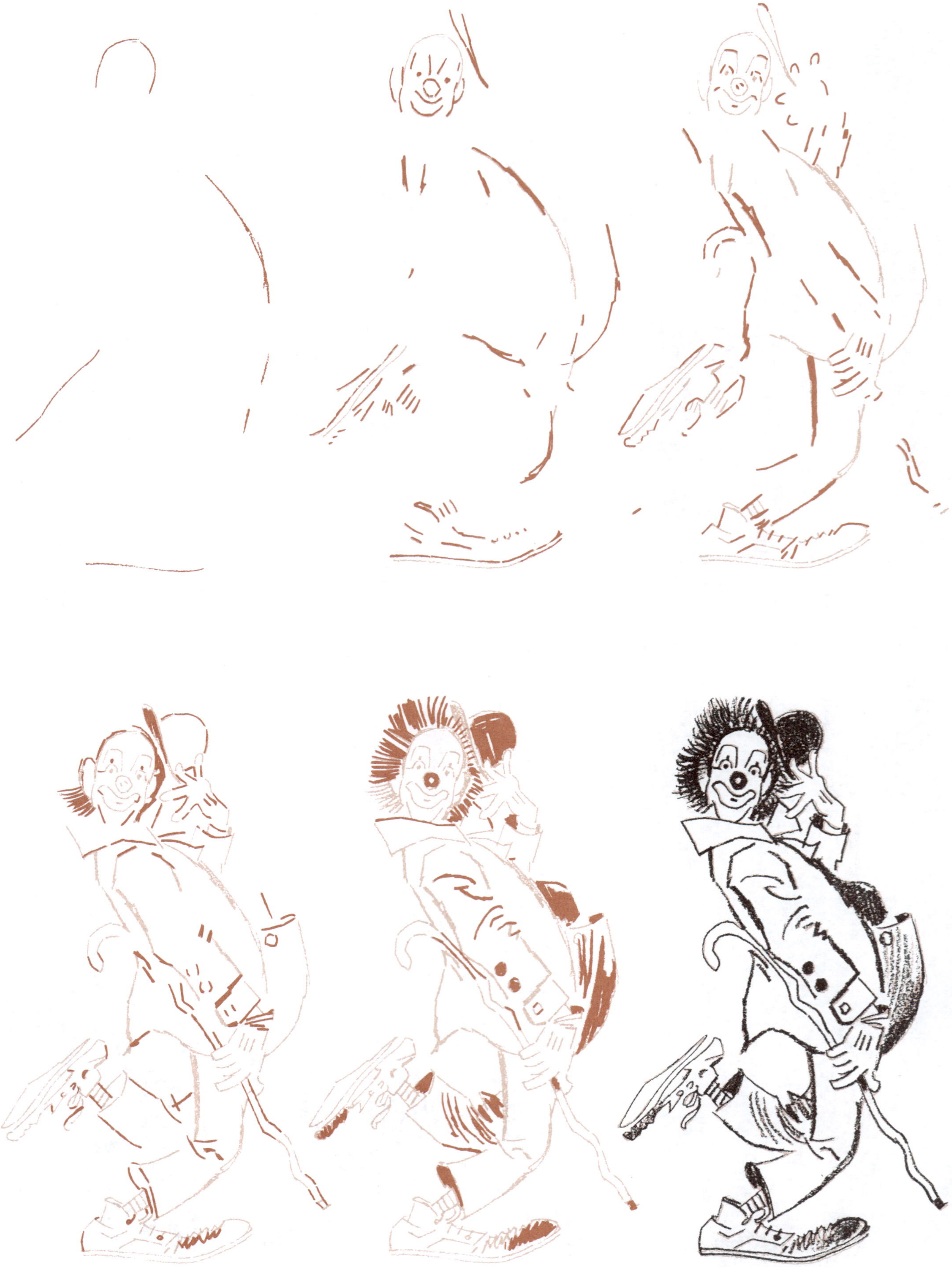

34. Auguste le clown

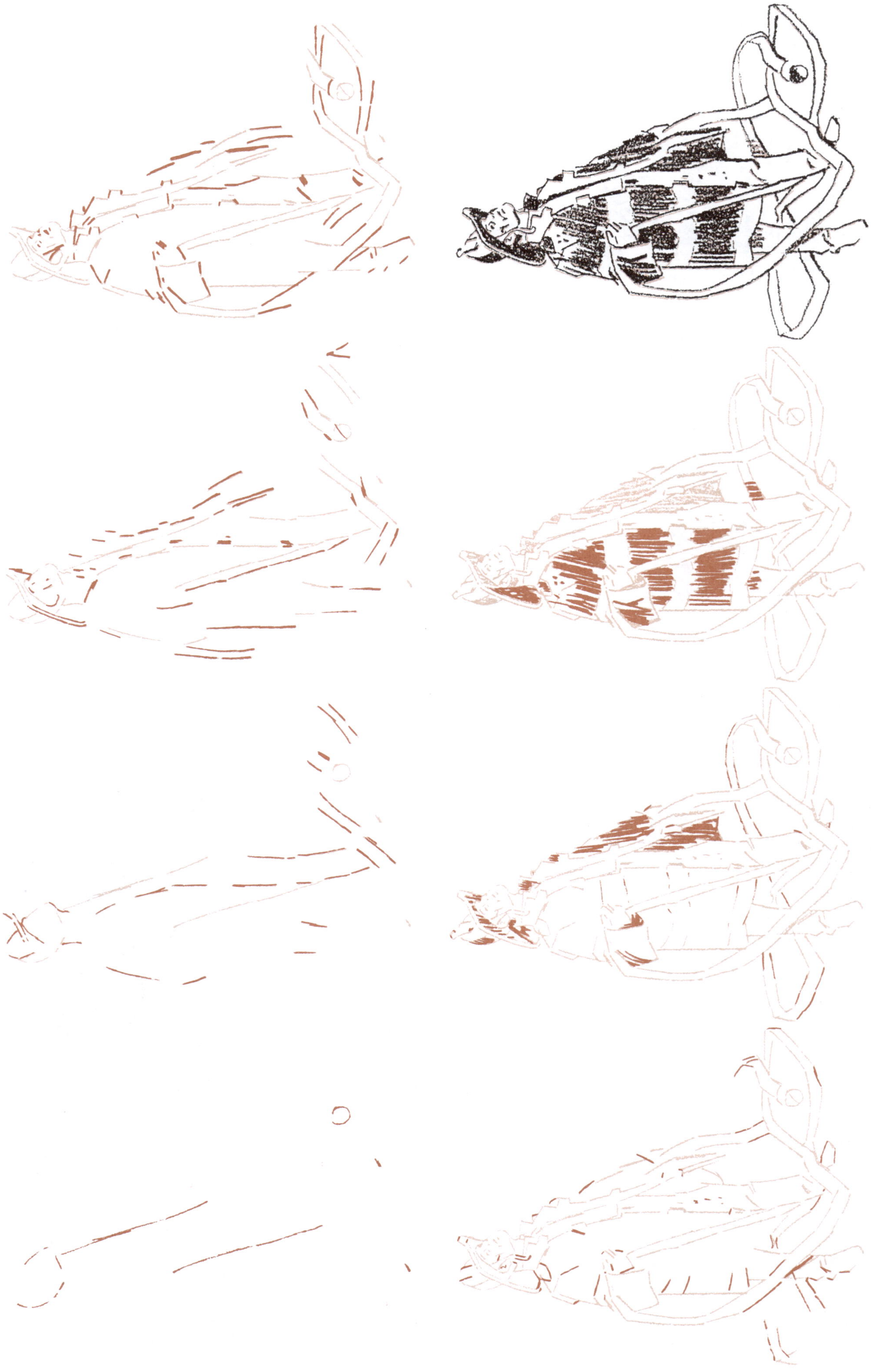

35. **Pompier américain**

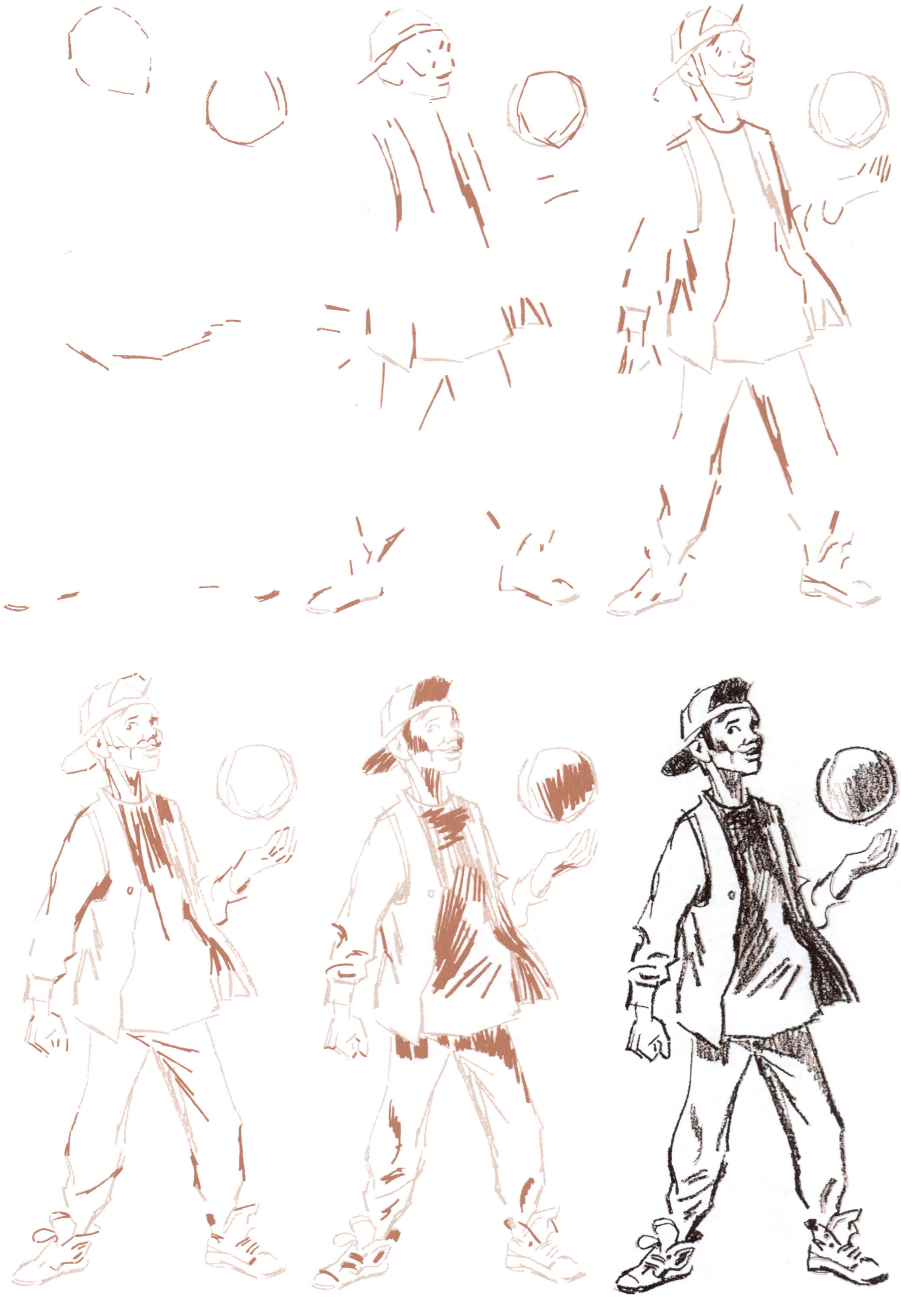

36. **Gosse des rues**

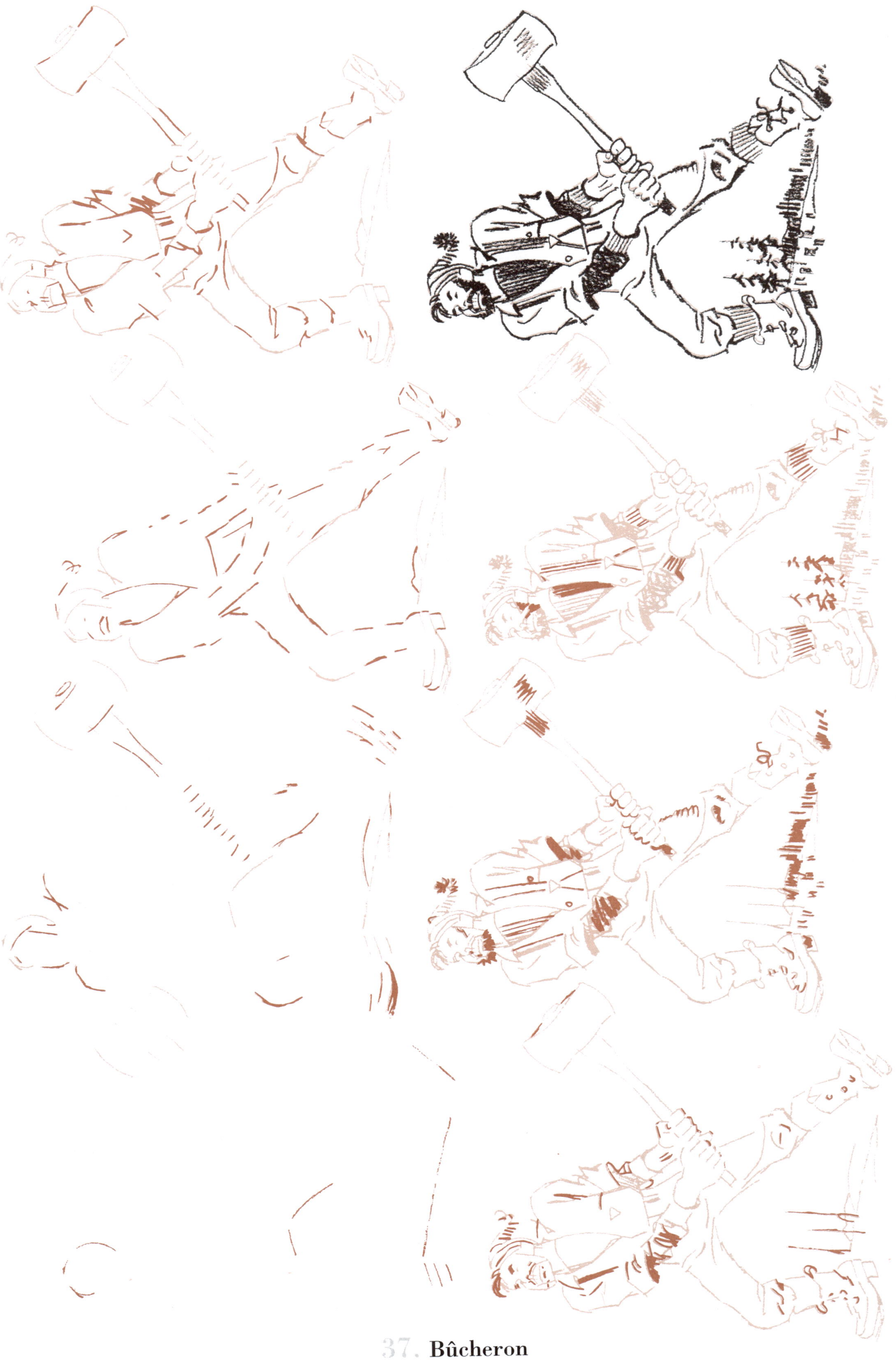

37. **Bûcheron**

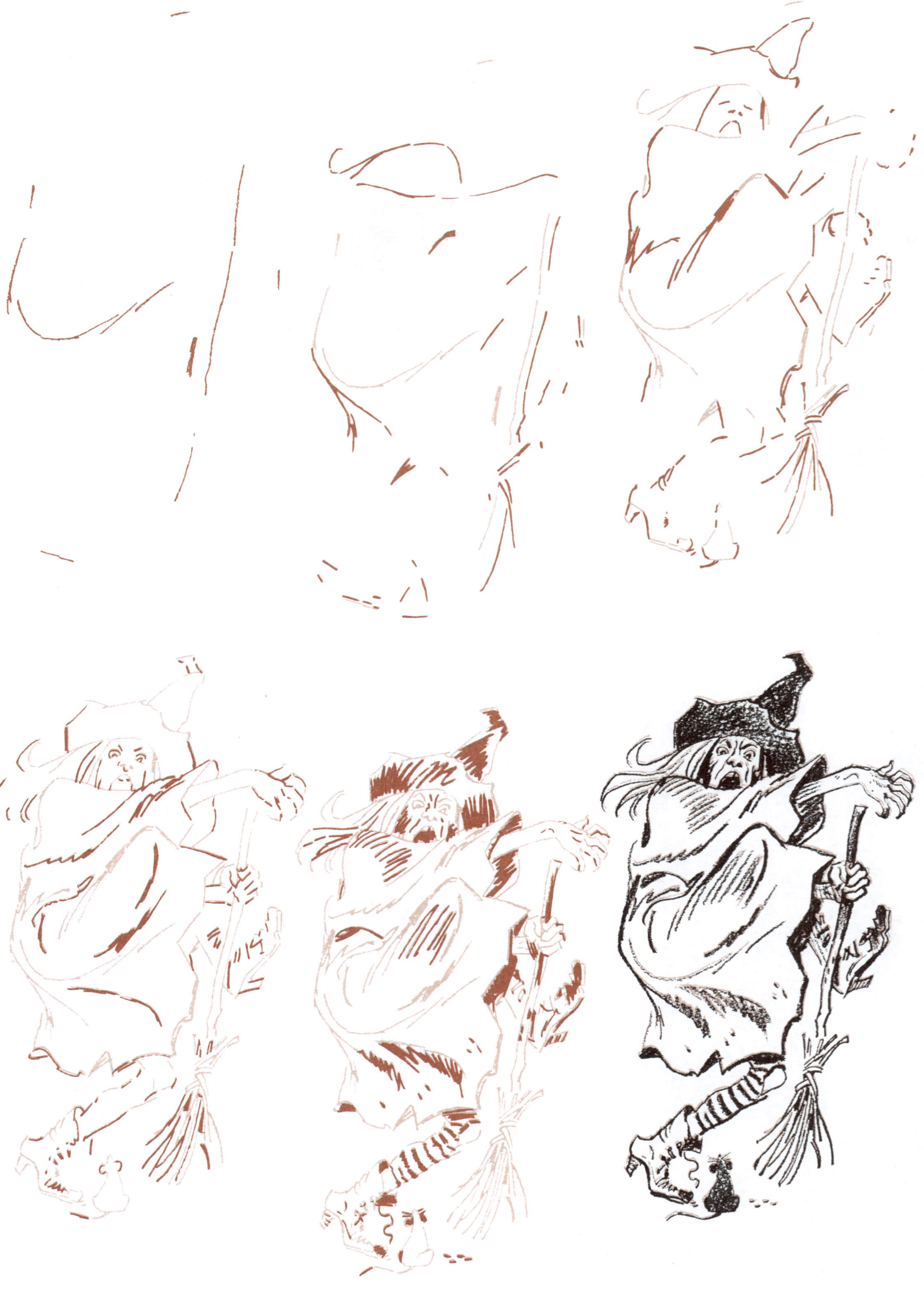

38. **Sorcière**

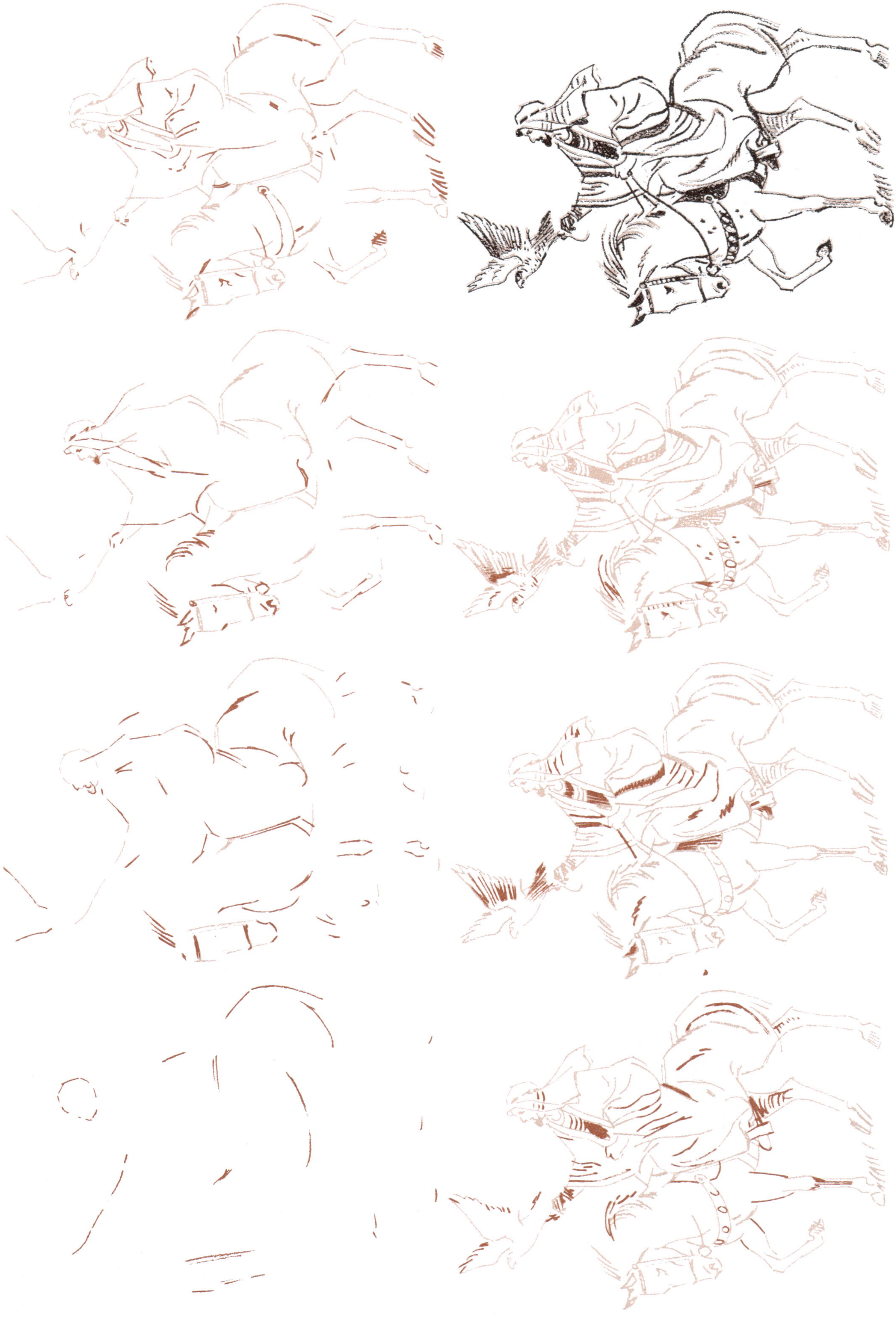

39. **Fauconnier arabe**

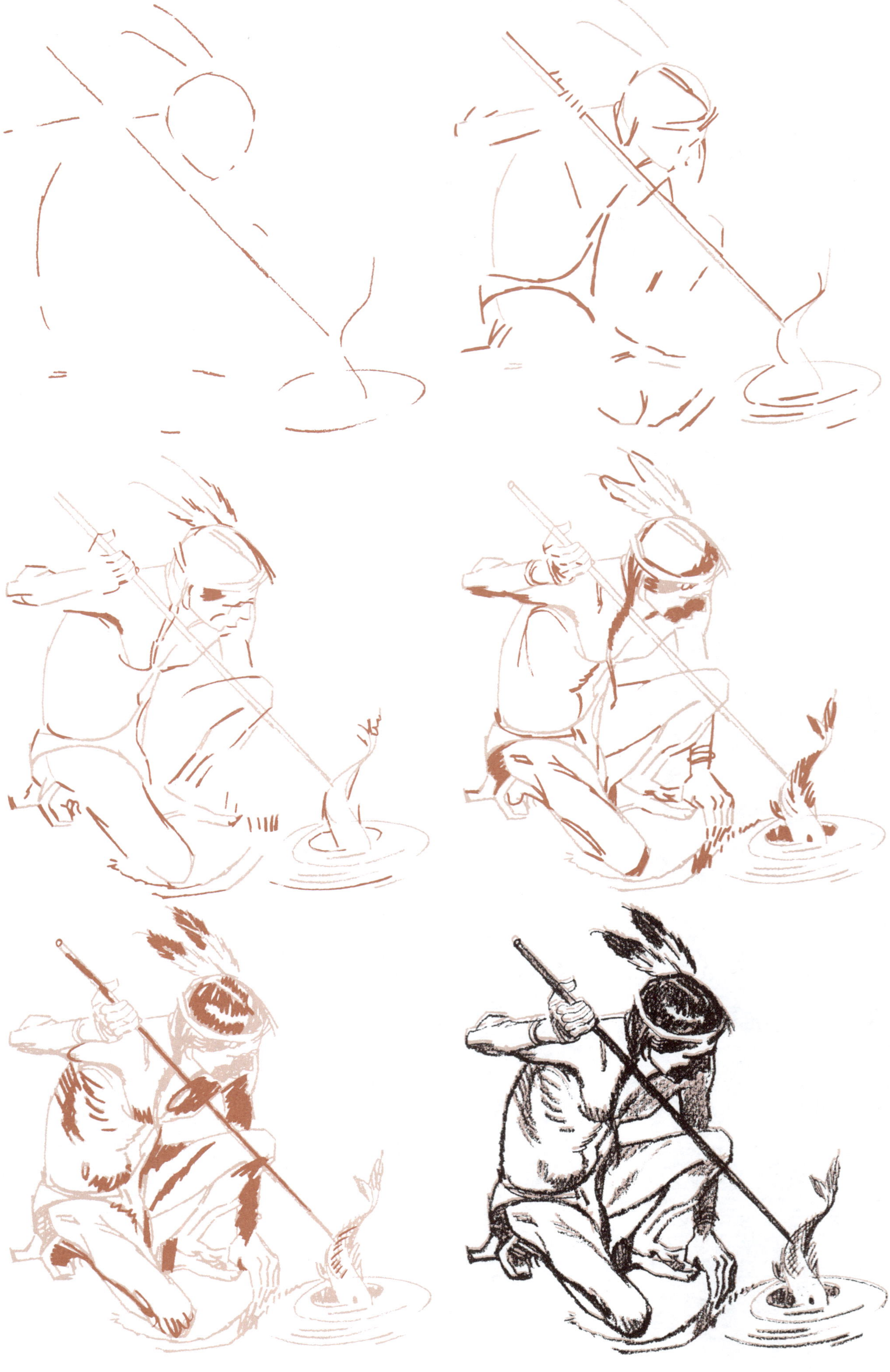

40. **Indien d'Amérique à la pêche**

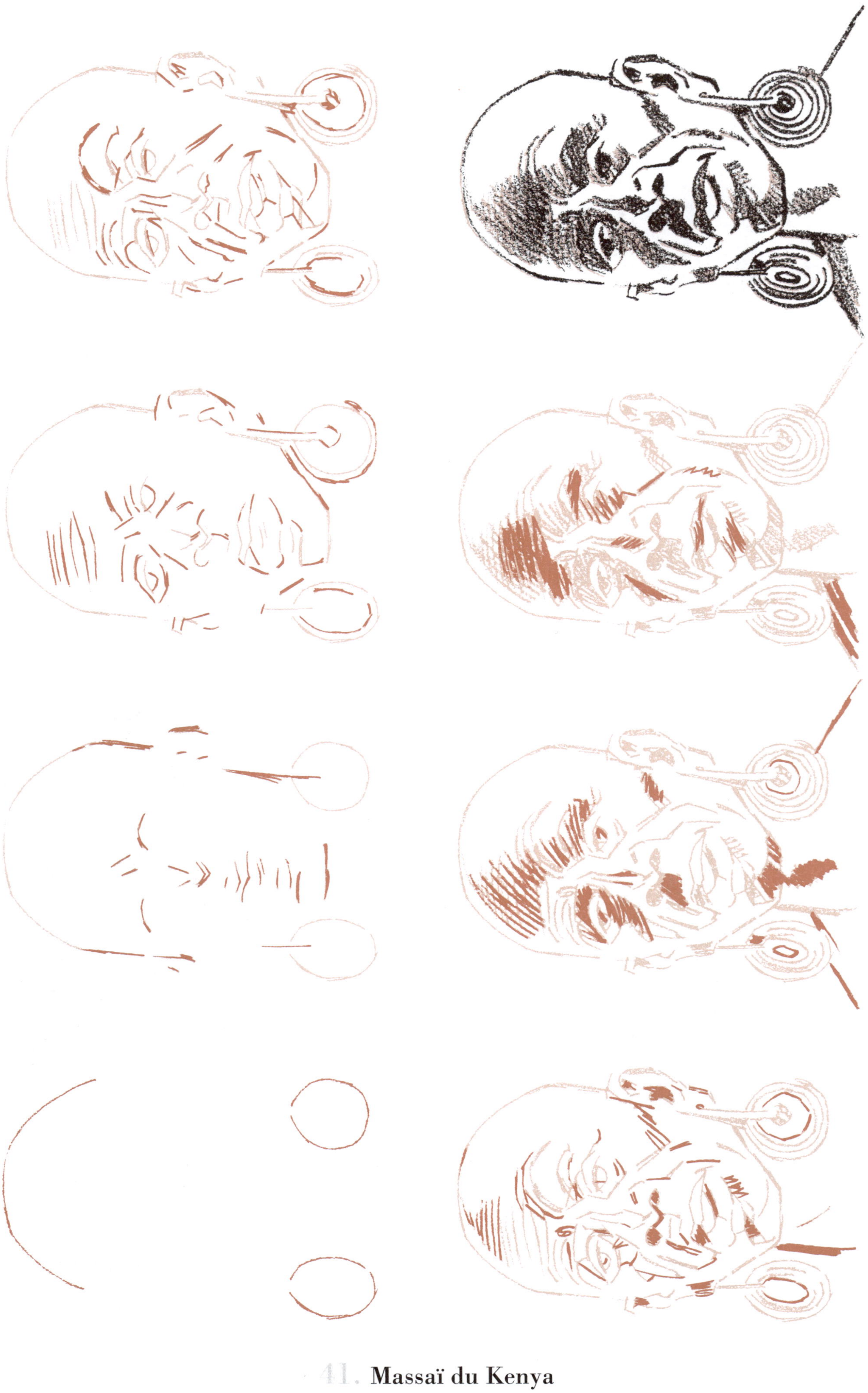

41. Massaï du Kenya

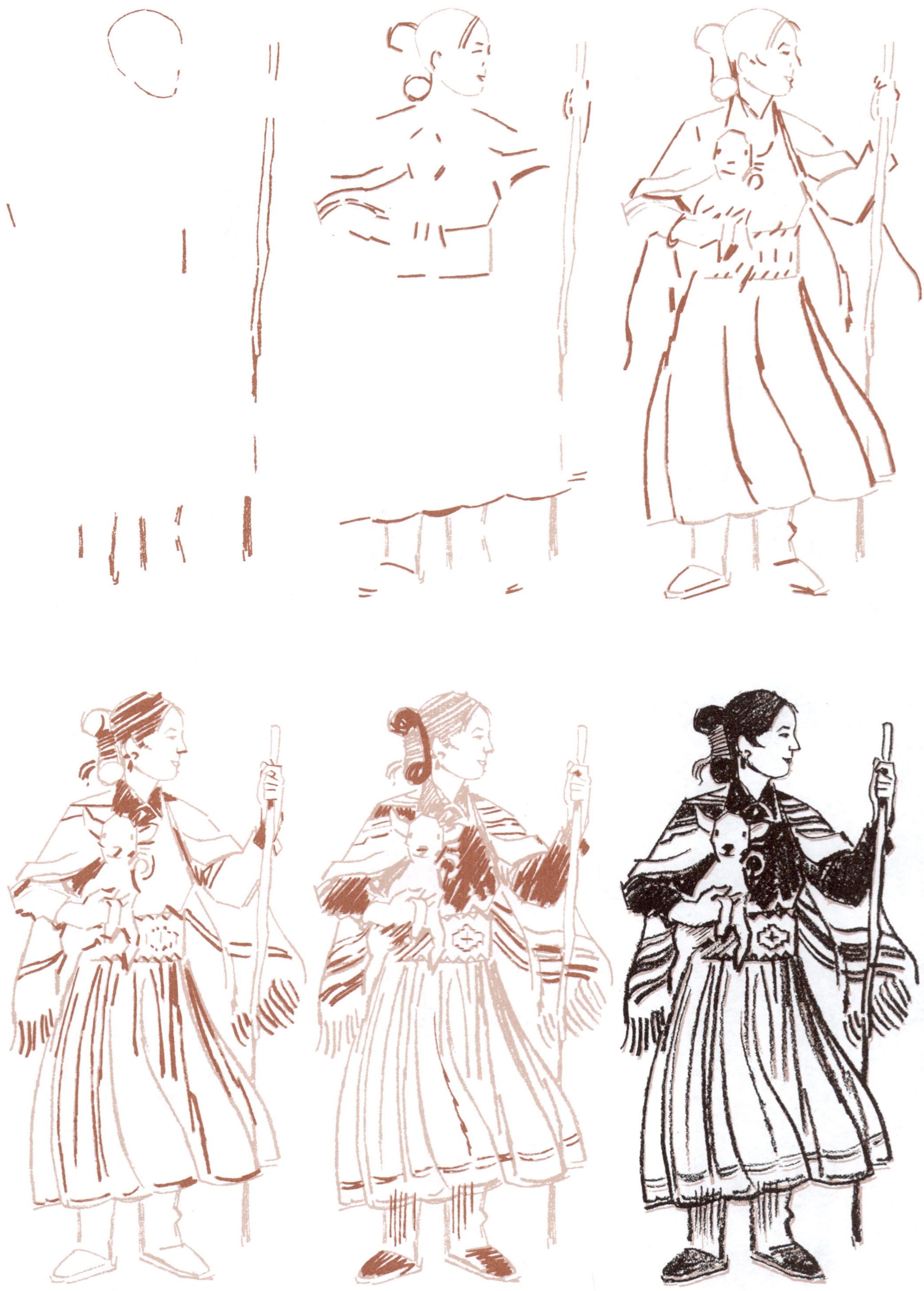

42. **Bergère Navajo**

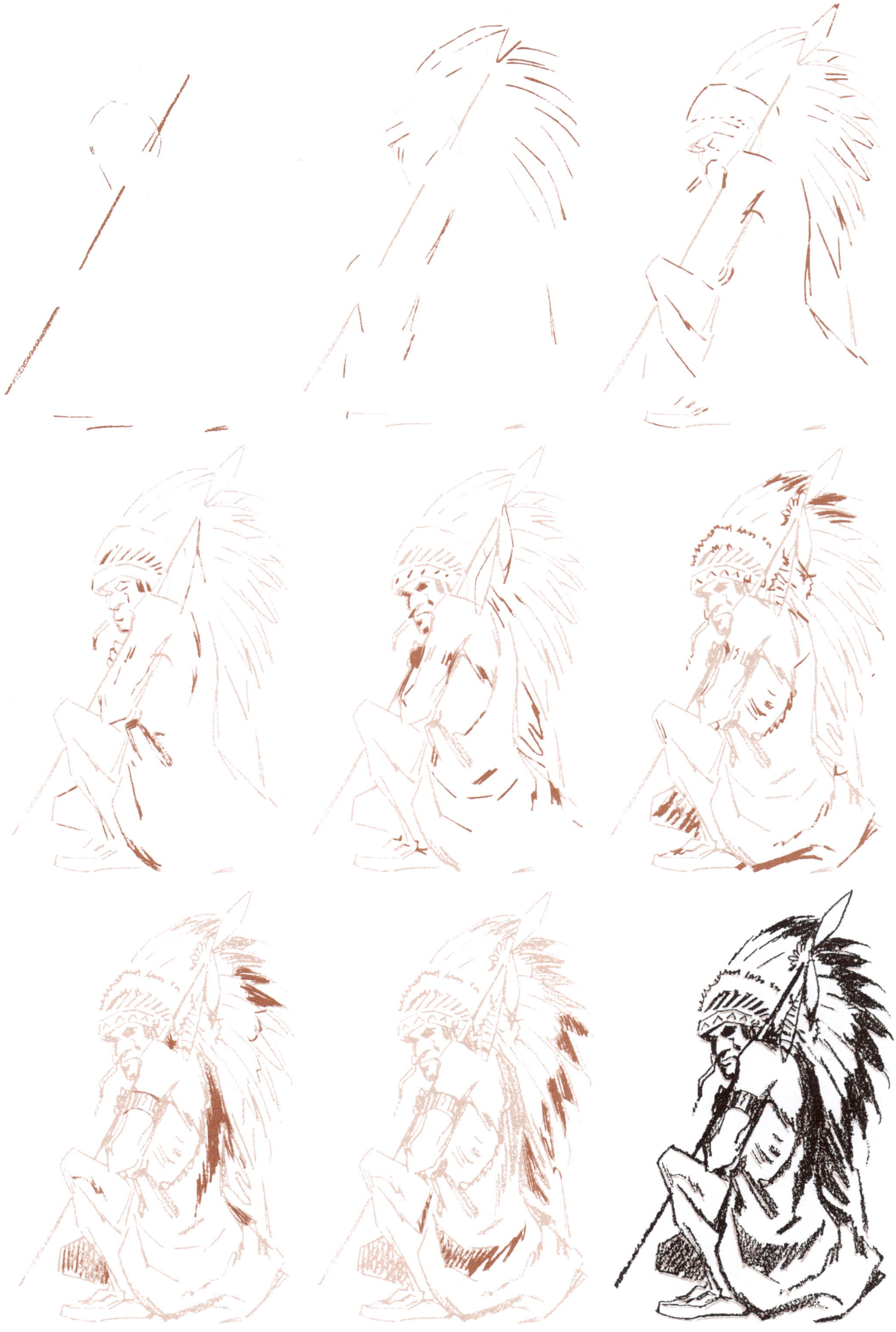

43. **Chef indien**

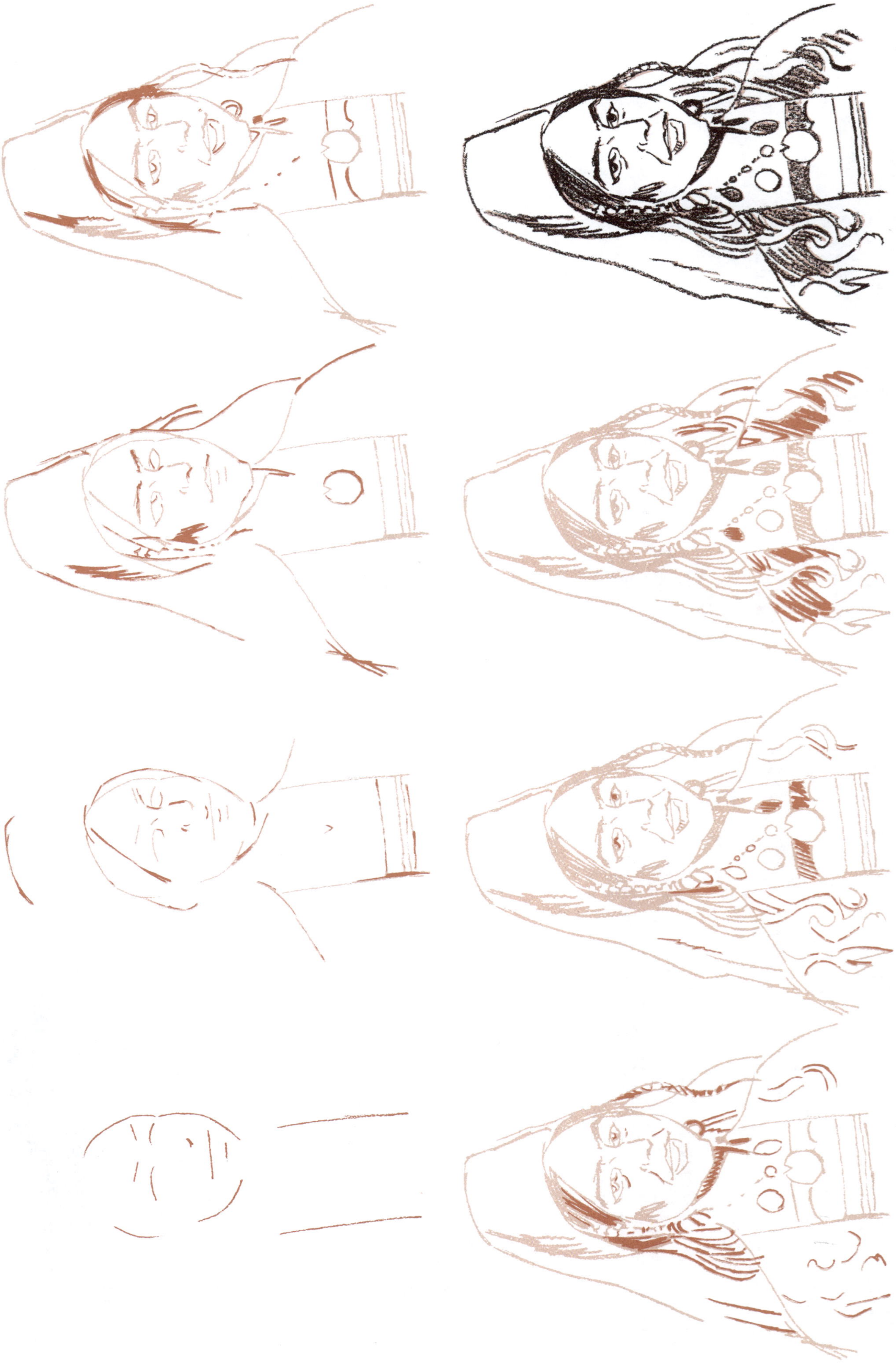

44. **Nomade marocaine**

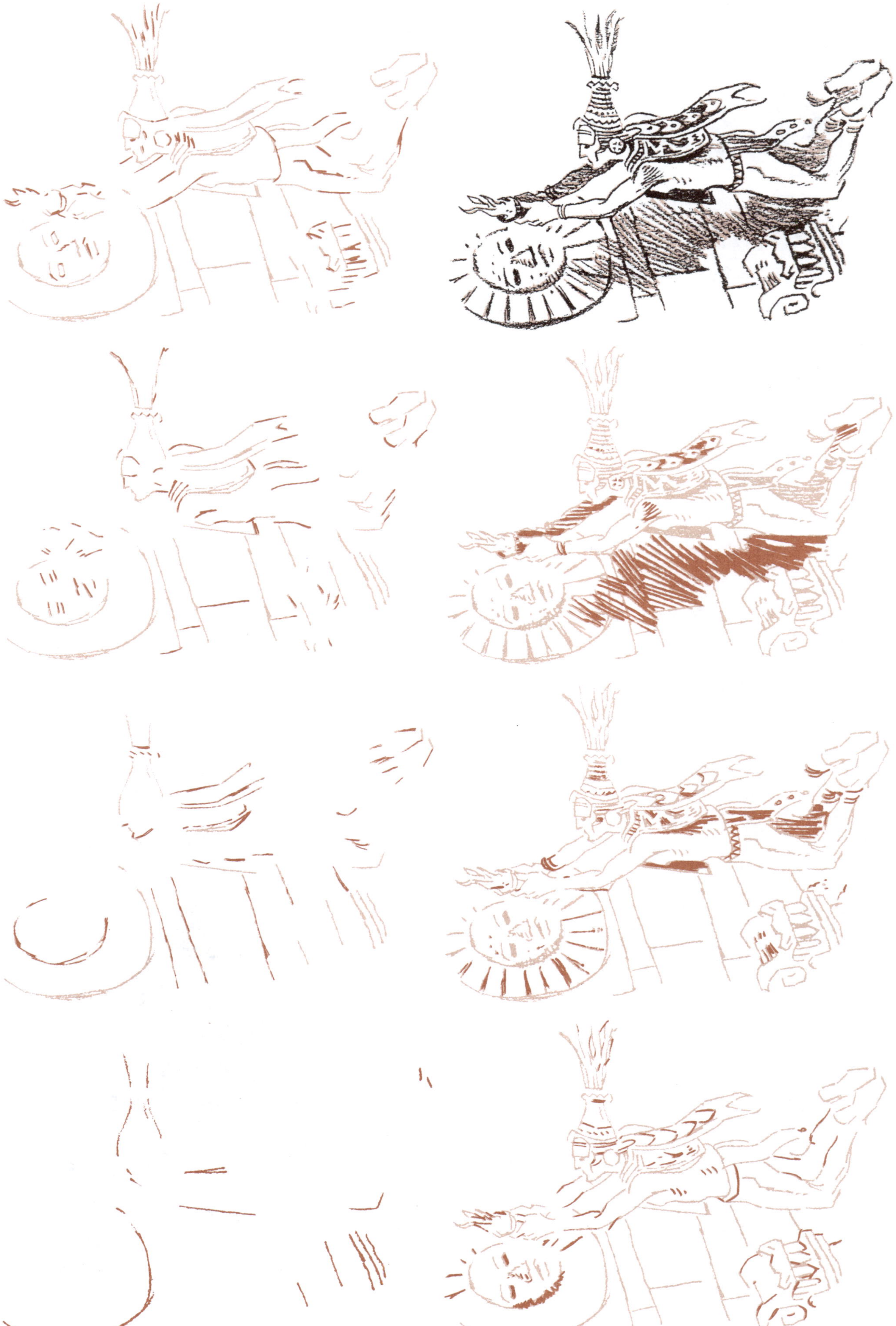

45. **Aztèque (Mexique précolombien)**

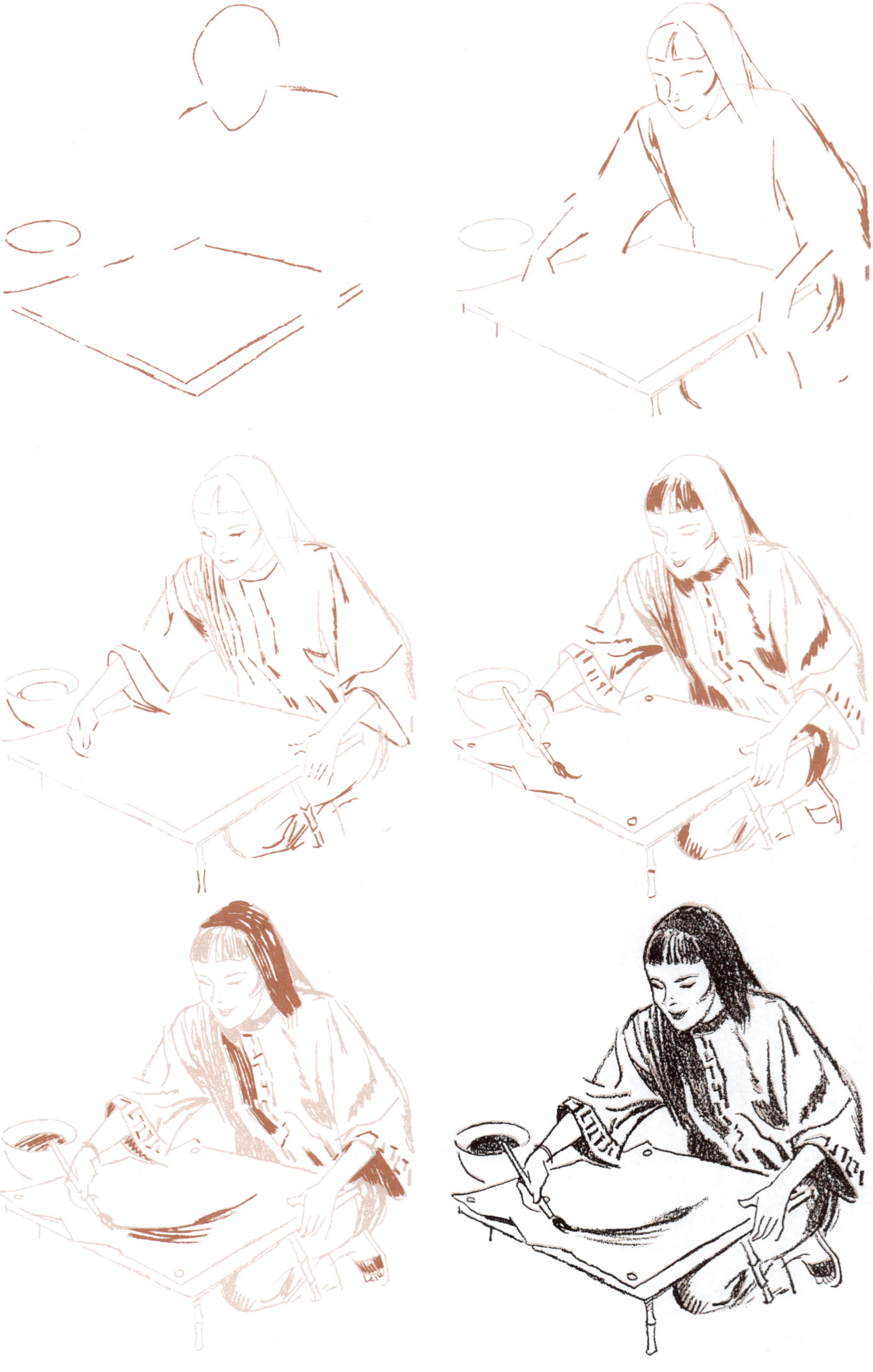

46. Calligraphe sur soie

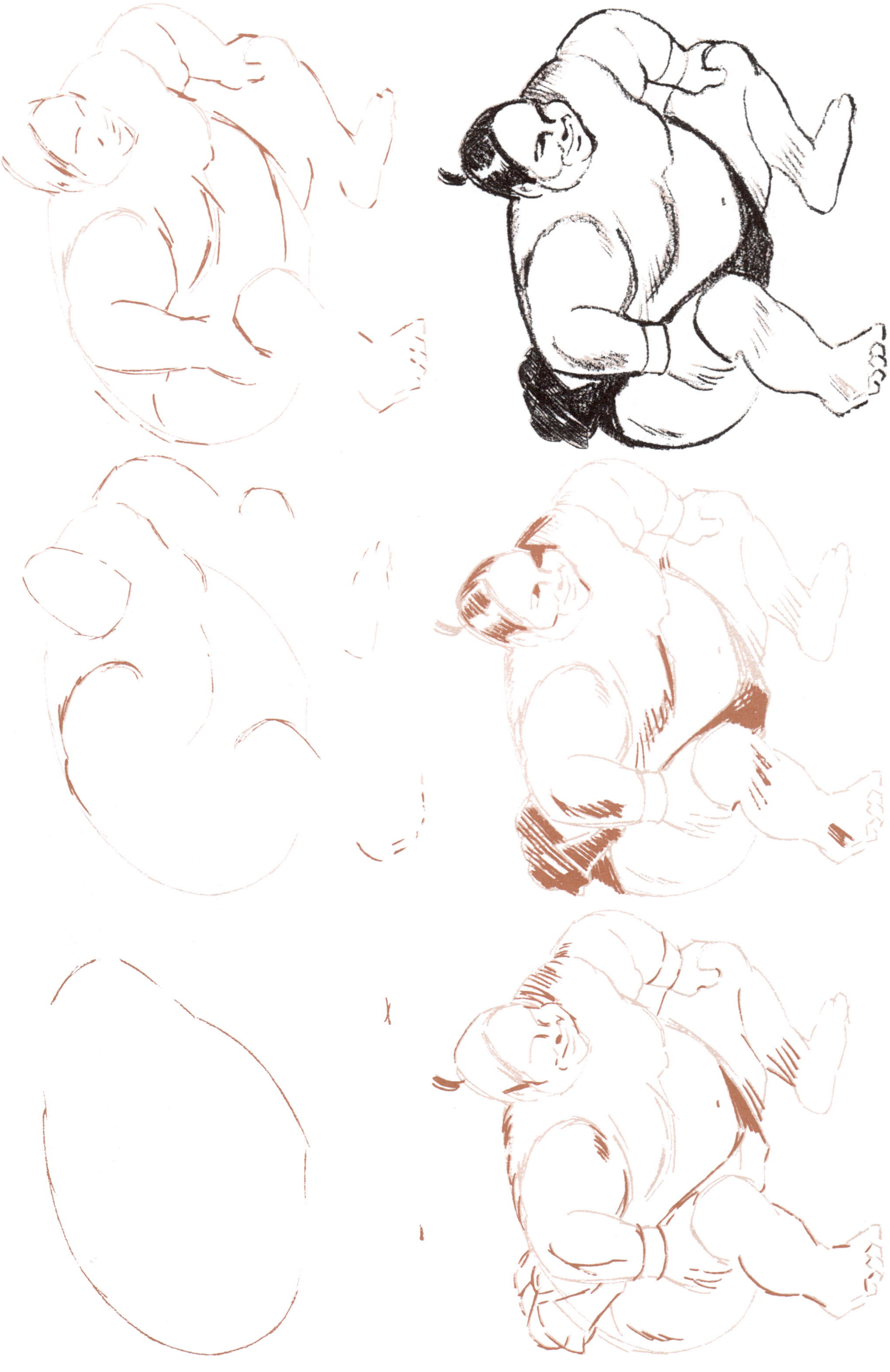

47. **Lutteur sumo**

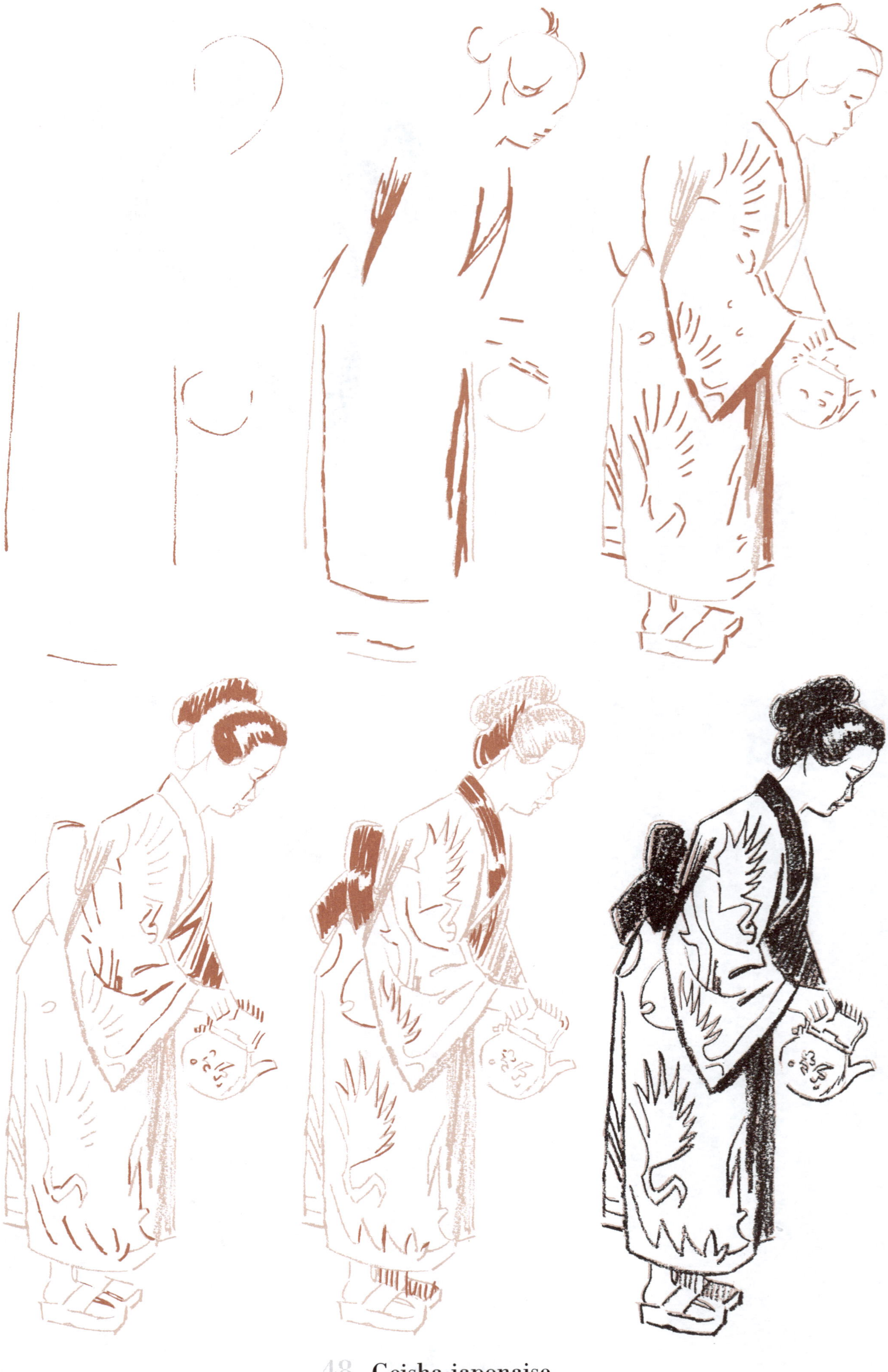

48. **Geisha japonaise**

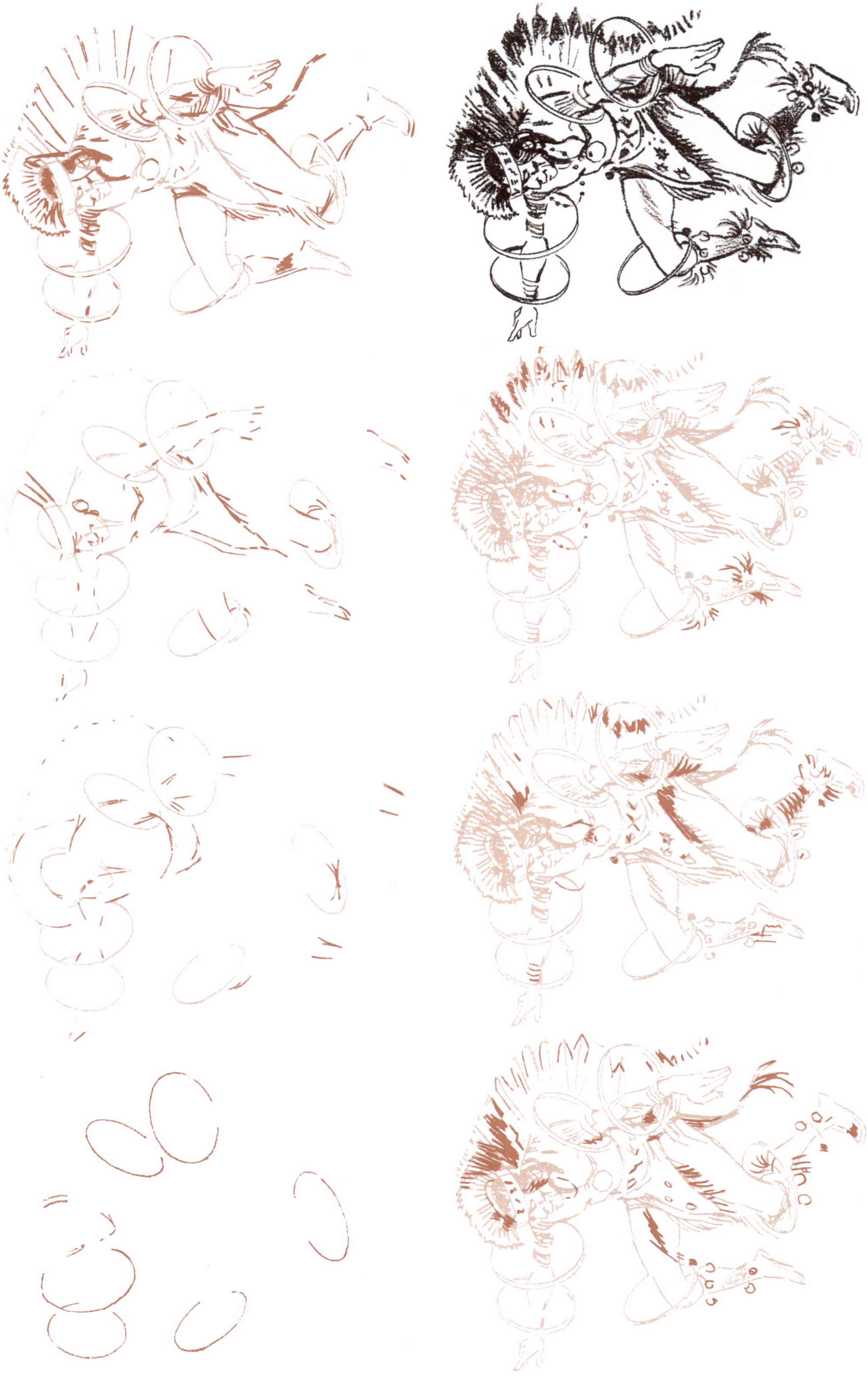

49. **Danse cérémonielle d’un Indien d’Amérique**

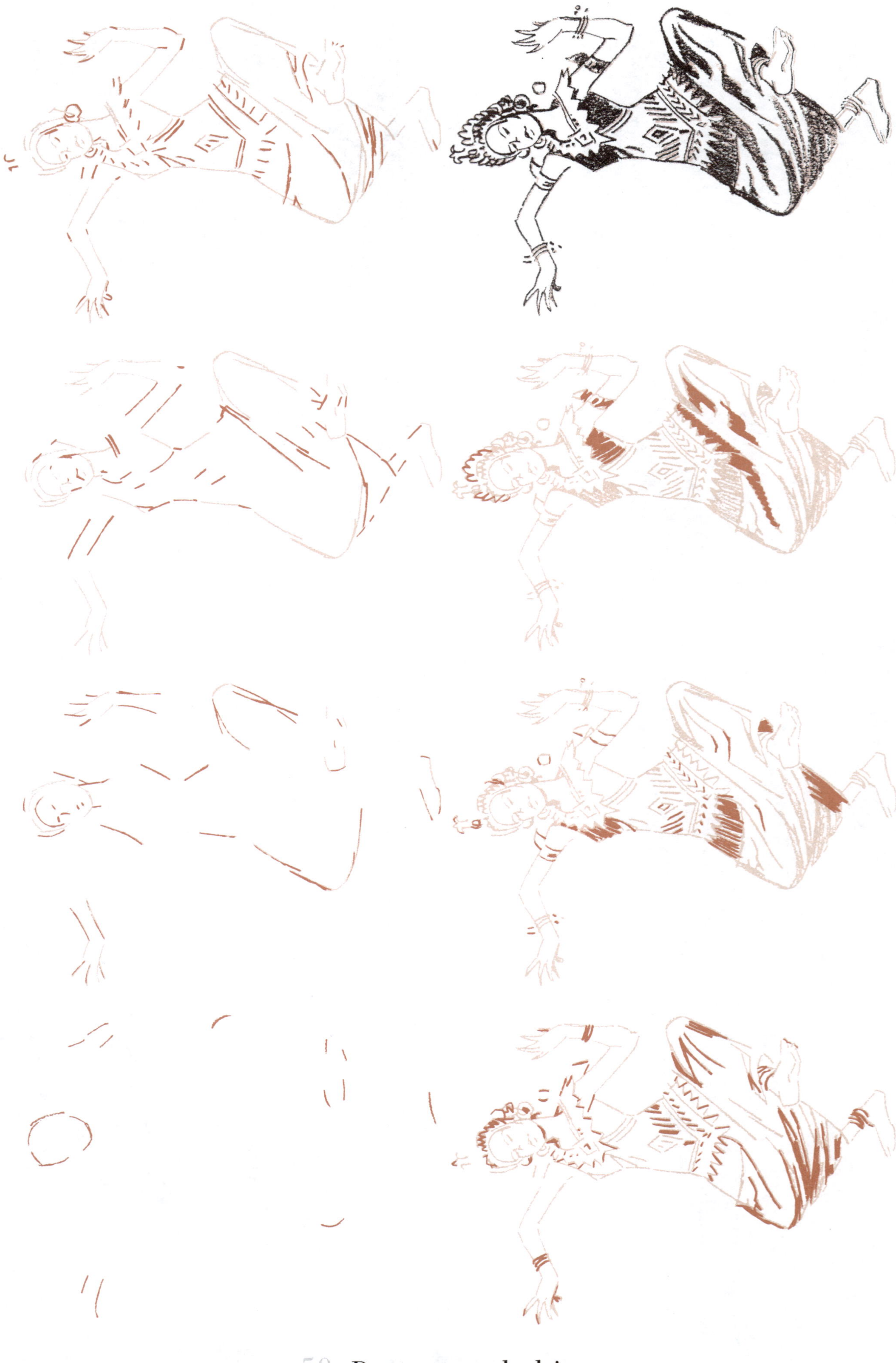

50. **Danseuse cambodgienne**

Achevé d´imprimer en avril 2005
par proyectos Gasmath, S.L. - Espagne